松山三四六の信州ディープツアー

県歌「信濃の国」を歌いながら旅する

松山三四六 著

太田出版

SHINSYU DEEP TOUR

まえがき

INTRODUCTION

北海道ならわかる気がする。

京都だってそうだろう。

沖縄なんて当たり前だ。

有名な土地だし、多くの人が移住してみたい、暮らしてみたいと思うのもとっても理解できる。歴史が学べる遺産や文化がたくさんの幸が美味しいよねえ。かに、ウニ、イクラ、海で、雰囲気最高だよねえ。常夏の海、白い砂浜、嫌いな人いないよねえ。

でも、これらのツワモノにいつも肩を並べて人気ランキング上位に顔を出す県がある。

それが、僕らの長野県だ。

結構寒いよ。360度山だらけだよ。熊も出るしねえ。

でも、信州長野県は大人気なのだ。

住みたい、暮らしたい、別荘が欲しい。

移住したい県ランキング★1では3年連続1位！　いつも日本各地の都道府県を驚かせるんだ。

どうしてなんだろう？

東京などの都市部から近いから？

だったら山梨、群馬の方が近いし、この2県にも素晴らしい環境がたくさんある。

自然がたくさん残ってる？

そんなの東北、四国、九州にだって、日本中探せばいくらでもあるよね。

考えれば考えるほど不思議な長野県。

住民たちがその不思議な疑問にそれほど明確な答えを持っていないのも面白い。

「なんで人気なんですかねぇ」って。

おそらく、皆が憧れる大自然や歴史や多くのものを享受できていることが、当たり前すぎてわかっていない。

「なんでこんなに星空が綺麗なんですか！」って感動する人の横で、「なんでって言われても、それが普通だもんで」って答えちゃう。

そんな不思議な長野県は、これから益々秘めたる魅力を増して、多くの日本人や海外からのお客さんを魅了するはずだ。

そこで、今、地味に注目を集める長野県を、ちょっと深掘りして紹介したいと思って書いたのがこの本だ。

そして、長野県を旅するならば、長野県が他県に誇る現象をテーマに据えてみたいと思った。

それは、県民がほぼ皆歌える県歌があることだ。

そうだ、この県歌「信濃の国」こそが、長野県の人気の謎を解明するヒントを持っていやしないか。

だから僕は、「信濃の国」を歌いながら、信州長野県を深掘りする旅に出たいと思ったのである。

全国の長野県に興味がある人々はもちろん、長野県に暮らしながら地元のことなんてほとんど知らない県民の皆さんにも。

そして、できれば海外で翻訳され、世界中の旅行者にお届けしたいという野望を持ちながら、さっそく旅に出たいと思います。

どうぞ、お付き合いください。

★1　認定ＮＰＯ法人ふるさと回帰支援センター２０１９年調べ。２位は広島県、３位は静岡県。

CONTENTS

SHINSYU
MAP

「信濃の国」

浅井洌・詞

1

信濃の国は十州《にっしゅう》に　境連《つら》ぬる国にして
聳《そび》ゆる山はいや高く　流るる川はいや遠し
松本《まつもと》　伊那《いな》　佐久《さく》　善光寺《ぜんこうじ》　四つの平《たいら》は肥沃《ひよく》の地
海こそなけれ物さわに　万《よろ》ず足《た》らわぬ事ぞなき

2

四方《よも》に聳ゆる山々は　御嶽《おんたけ》　乗鞍《のりくら》　駒ヶ岳《こまがたけ》
浅間《あさま》は殊《こと》に活火山　いずれも国の鎮《しず》めなり
流れ淀《よど》まずゆく水は　北に犀川《さいがわ》　千曲川《ちくまがわ》
南に木曽川　天竜川　これまた国の固《かた》めなり

3

木曽の谷には真木《まき》茂《しげ》り　諏訪《すわ》の湖《うみ》には魚《うお》多し
民《たみ》のかせぎも豊かにて　五穀の実らぬ里やある
しかのみならず桑とりて　蚕飼《こが》いの業《わざ》の打ちひらけ
細きよすがも軽《かろ》からぬ　国の命を繋《つな》ぐなり

4

尋《たず》ねまほしき園原《そのはら》や　旅のやどりの寝覚《ねざめ》の床《とこ》
木曽の桟《かけはし》かけし世も　心してゆけ久米路橋《くめじばし》
くる人多き筑摩《つかま》の湯　月の名にたつ姨捨山《おばすてやま》
しるき名所と風雅士《みやびお》が　詩歌《しいか》に詠《よみ》てぞ伝えたる

5

旭《あさひ》将軍義仲《よしなか》も　仁科《にしな》の五郎信盛《のぶもり》も
春台《しゅんだい》太宰《だざい》先生も　象山《ぞうざん》佐久間《さくま》先生も
皆此《この》国の人にして　文武の誉《ほまれ》たぐいなく
山と聳えて世に仰《あお》ぎ　川と流れて名は尽《つき》ず

6

吾妻《あずま》はやとし日本武《やまとたけ》　嘆《なげ》き給《たま》いし碓氷山《うすいやま》
穿《うが》つ隧道《トンネル》二十六　夢にもこゆる汽車の道
みち一筋に学びなば　昔の人にや劣るべき
古来山河《こらいさんが》の秀《ひい》でたる　国は偉人のある習《なら》い

「信濃の国」
松山三四六・超訳

1

私たちの暮らしている信濃の国を紹介しましょう。
ここは、十の州と接しています（今は8県と接しています）。
そびえたつ山々はみな高くて、
流れてゆく川は、どれも遠くまで続いています。
松本平、伊那平、佐久平、善光寺平と呼ばれる4つの盆地は
すべてが肥沃で豊かな土地です。
だから、この国には海がなくても何一つ不足するものなどありません。

2

四方にそびえる山々といえば、御嶽山、乗鞍岳、駒ヶ岳が有名で、
そうそう、浅間山なんて未だに活火山なんです。
これらの山々は、国が安定するように鎮座しているようなものです。
さらに、途切れることなく、淀むことなく流れている川といえば、
北には犀川と千曲川が、南には木曽川と天竜川があって、
どれも国の発展の礎となっているのです。

3

木曽谷には、貴重なヒノキが生い茂っていますし、
諏訪湖では、本当によく魚が採れるのです。
信濃の国の産業は豊かに発展していて、
どこでも農産物が収穫できるほどです。
それればかりか、桑の葉を使ってお蚕さんを育てる養蚕の技術が広がって、
県民の暮らしは慎ましいながらも、とても重要な仕事となっています。
この営みこそが、日本の命運を担っていると言ってもいいのです。

4

さて、園原というところへは、一度は訪れてみたいものですね。
また、旅の宿が多くある寝覚の床もおすすめです。
旅するには危険な箇所だと言われた、木曽の桟をかけた時代に思いを馳せながら、
犀川が暴れる久米路橋にも訪れて、紅葉をめでたいものです。
温泉ならば、筑摩の湯は多くの人々が来ていますし、
名月「田毎の月」で有名な姨捨山も良いでしょう。
このどれもが、風流な歌人や詩人らが、昔より、漢詩や和歌に詠んで今に伝えていますよね。

5

旭将軍と呼ばれた木曽義仲も、仁科五郎信盛も、太宰春台先生も、
佐久間象山先生も、みんな信濃の国にゆかりのある方々ですが、
学問や武芸に勤しみ優れていた人たちなんです。
その名声は、誰もが見上げる信州の山々のように高く、
永遠に流れ続ける川のように、永久に忘れ去られることのない存在です。

6

日本武尊（やまとたけるのみこと）は、信濃の国に入るときに、
旅の途中で犠牲になった妻のことを碓氷峠で思い出して嘆いたといいます。
今、その峠がある碓氷山は、信越線を開通させるために26ものトンネルが掘られ、
蒸気機関車で越えることができるなんて夢のような話ですよね。
この線路を走る機関車のように、一生懸命に励んでいけば、
歴史上の偉人にだって負けることはないんです。
だって、昔から大自然が残る素晴らしい国々からは、
偉い人が育ち、世に出てくると言われていますから。

第1章

「信濃の国」1番をディープに旅する
SHINSYU DEEP TOUR CHAPTER 01

信濃の国は十州に
境連ぬる国にして
聳ゆる山はいや高く
流るる川はいや遠し

松本　伊那　佐久　善光寺
四つの平は肥沃の地
海こそなけれ物さわに
万ず足らわぬ事ぞなき

信濃の国は十州と境を持っている。そびえ立つ山々は高く、流れ行く川は長い。と歌い出す「信濃の国」。

信州人なら1番くらいは歌詞を見ずとも歌える県歌だ。2015年に行われた県民の認知調査では、なんと約8割の人が歌えると答えた。

学校の授業で習い、イベントで県歌を声高らかに歌い、信州大学教育学部附属長野小学校では校歌にしている。

日本中のどこを探しても、そんな都道府県はまれだろう。

でも、歴史をひもとけば、信州の成り立ちにはいくつもの紆余曲折があり、決してはじめから一枚岩であったわけではない。「信濃の国」を歌って、いつでも結束力のあるひとつの県になれたのはごく最近だ。

信濃の歴史

現在では8県と隣り合わせているが、信濃は昔、越後（新潟）、上野（群馬）、武蔵（埼玉など）、甲斐（山梨）、駿河と遠江（静岡）、三河（愛知）、美濃と飛騨（岐阜）、越中（富山）という10州と接していた。

あまりの広さに、なかなかひとつにはなれなかった歴史がある。

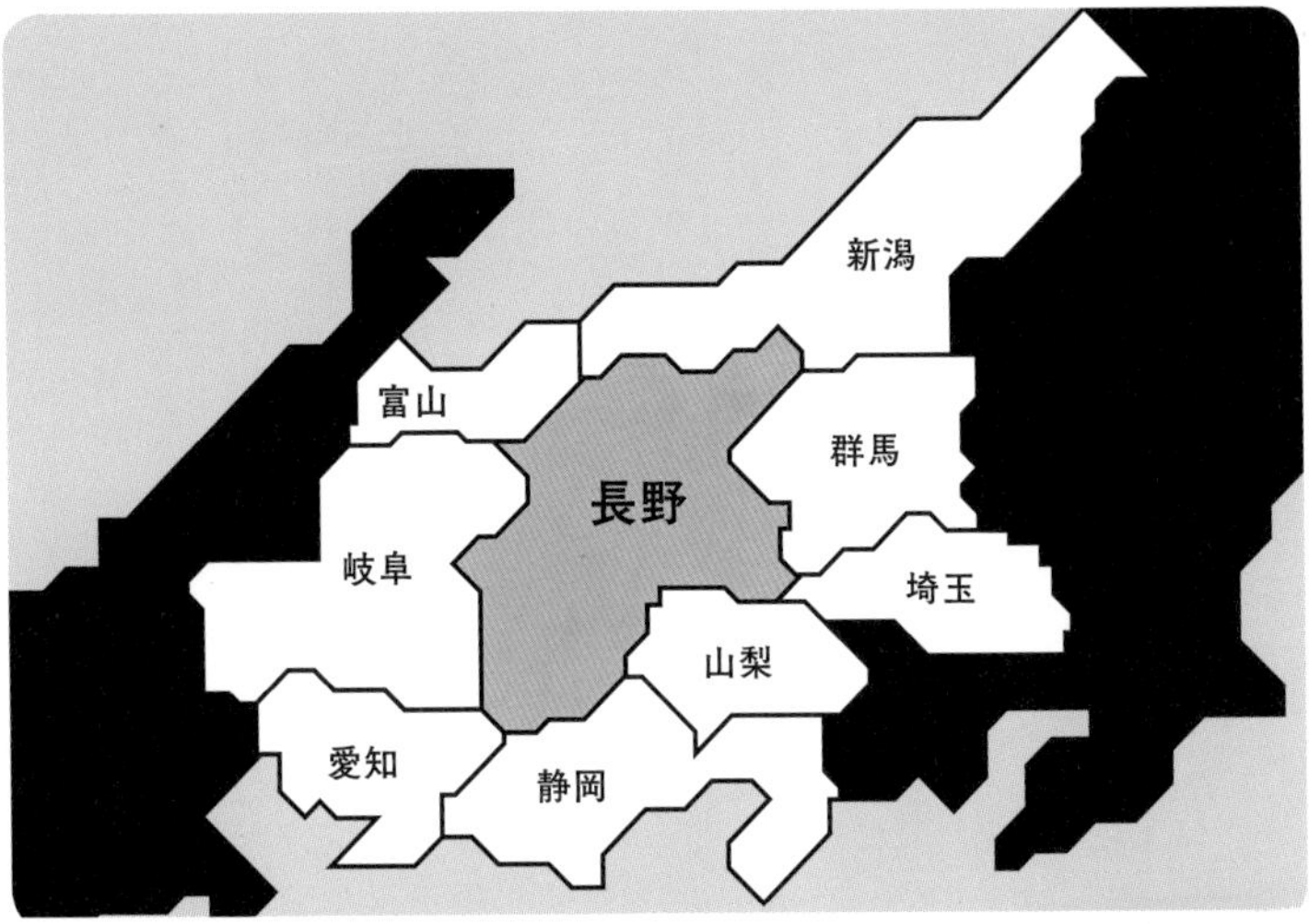
新潟
富山
群馬
長野
岐阜
埼玉
山梨
愛知
静岡

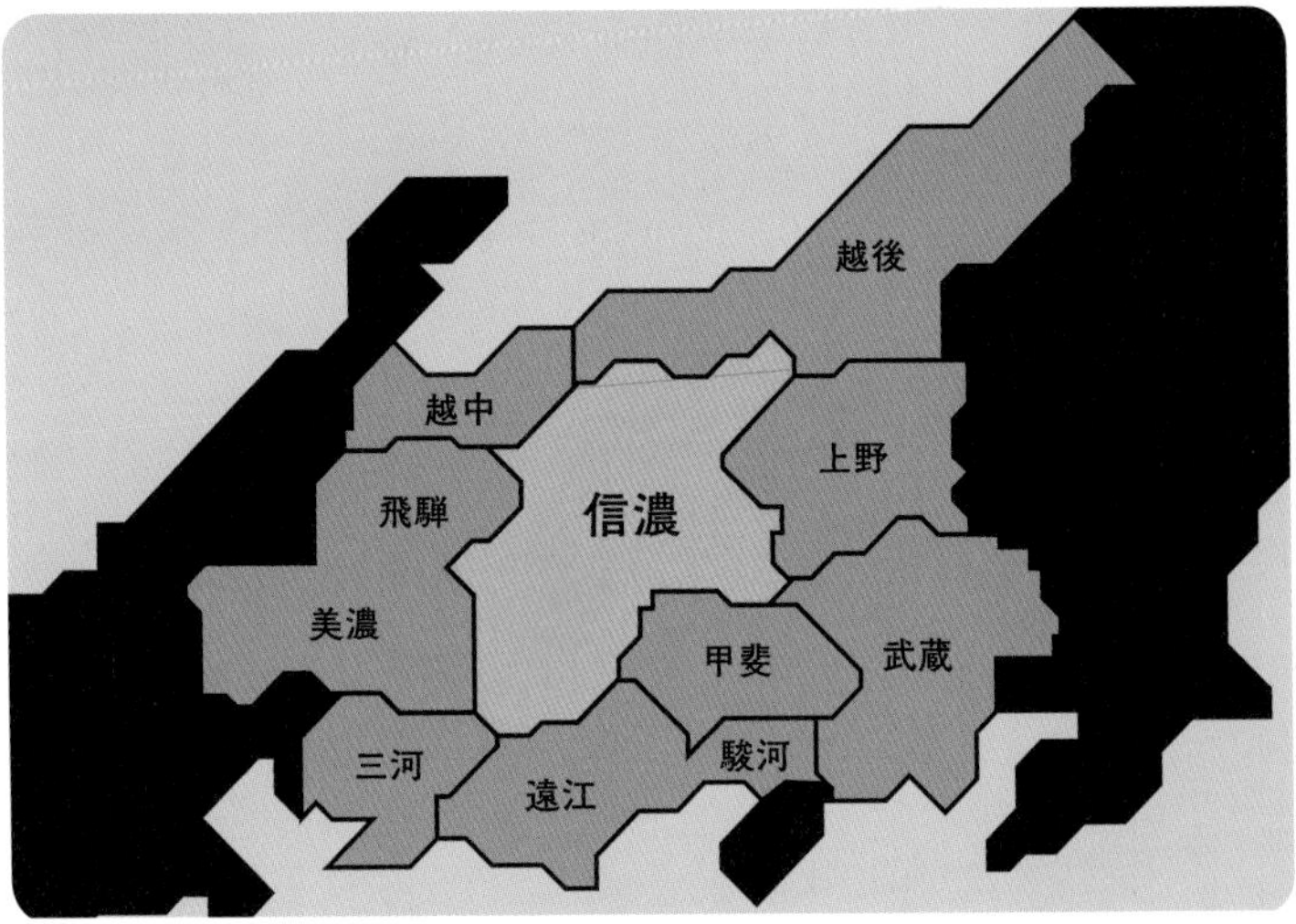
越後
越中
上野
飛騨
信濃
美濃
甲斐
武蔵
三河
駿河
遠江

明治維新の幕が上がる1868年、それまであった幕府領と旗本領が明治政府に移されて、府と県という行政区分が決められた。

このタイミングで、信濃の幕府領を管轄する「伊那県」が誕生！

伊那県は2年後に、行政強化のための「中野県」を分県したのだけれど、世直し一揆の農民蜂起騒動（中野騒動）★1が起こり、県庁が焼失してしまった。

もともと中野に県庁があっては不便だと考えていた政府は、この後に「長野県」と改称して長野村の善光寺町に県庁を移転した。

だが、それ以前に行われていた廃藩置県によって、長野県とされたのは北信地方の更級、埴科、高井、水内の4郡と、東信地方の佐久、小県の2郡だけだった。

そのほかの南信地方の諏訪と伊那の2郡、中信地方の筑摩、安曇の2郡は、「筑摩県」とされた。つまり、「長野県」と「筑摩県」という2つの県が存在していたんだ。

1876年のこと、この状況を面白くないと思っていた元・上田藩の藩士が、「筑摩県庁がなくなれば長野県と筑摩県が合併して、上田に県庁が建つ！」ってとんでもない妄想を広げ、なんと筑摩県庁に放火してしまったという。しかし、後の裁判で上田藩士は無罪となり、火事の原因は判明していない。

そのため、筑摩県庁は建物も書類も全て燃えてしまい、行政機能が失われ、筑摩県下の中南信は長野県に統合されることになってしまった。なお、この時に、飛騨地方は岐阜県に併合されている。

これって、「おいおい、そりゃないだろ！」って思うよね？

筑摩県の人にしてみれば「あんな北の方に県庁があるなんて許せない！」って思っても仕方がない。

このことは、1964年に松本・諏訪地域が新産業都市に指定される[★2]までずっと尾を引いて、「県を2つに分けろ！」という分県論が長く絶えなかった。実に87年の仲違いだ。

だからなのだろうけれど、長野県は「長野」という言葉より、「信濃」や「信州」という言葉を意識的によく使う。信濃毎日新聞や信州大学なんかがその代表例だね。

もともとの呼び名は信濃国である。

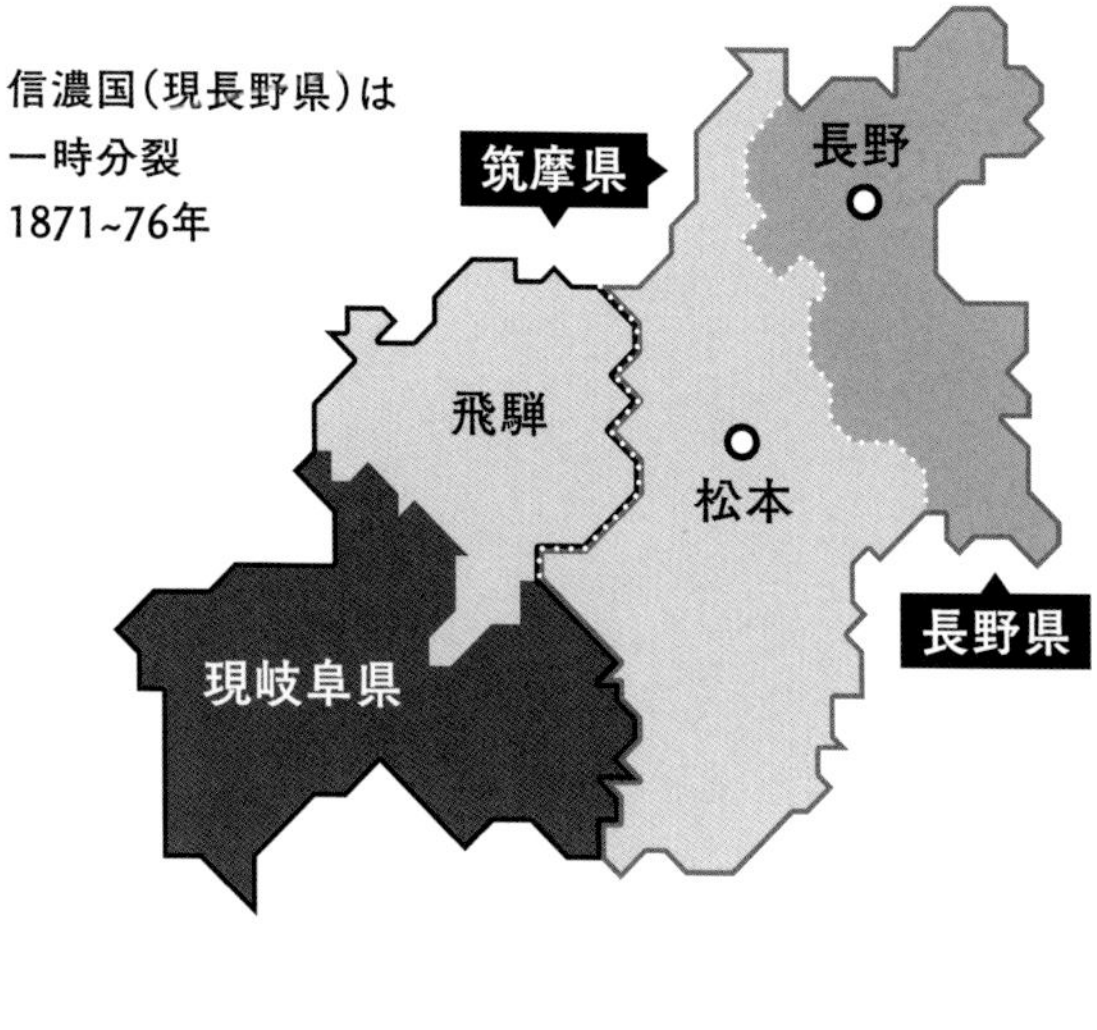

大化の改新以降、藤原京跡から出土した木簡に「科野国《しなの》」の文字が確認されていて、日本最古の歴史書である『古事記』にも「科野国」と書かれている。これが704年に全国一斉に国印が作られるようになって、全ての国、郡、郷の名前に縁起が良い字を当てるよう「御触れ」が出た。「好字二字化令《こうじにじかれい》」という。その際、「科野」を「信濃」に変えたんだろうということがわかっている。これが713年のことだ。

こうして歴史を振り返ると、長野県は1300年も前からあったんだなあって感動するんだよね。

さて、話を戻すね。

とにかくそんな「仲の悪かった」長野県が、何度も県を分かつピンチにありながら、今は魅力ある信州としてひとつにまとまっているのは、県歌「信濃の国」が存在していたからかもしれない。

実は、それが決して過言ではない出来事が起きている。

1948年、県庁の一部焼失をきっかけにまたしても分県論が再燃した。

県の定例議会で、林虎雄《はやしとらお》民選知事の元に出された分県案が、今まさに採決されようとしたその時、傍聴席の民衆から「信濃の国」の大合唱が起こった。涙を流して歌う人たちの中で、議案の賛成、反対どちらも得票数に届かず、分県を奇跡的に免れた。まるでドラマのようだけど実話なんだ。

それだけこの「信濃の国」という県歌は、当時の人々にとっては特別だったんだね。

それは、この「信濃の国」が、製糸業が日本の経済を支え、国鉄信越本線が全通し、中央本線と篠ノ井《しののい》線が開通しようかという、まさに長野県の産業革命期と言える時期に生みだされたからかもしれない。

信濃の名前の由来

ところで、どうして1300年も前の大昔から、「しなの」という名前が付いていたのだろう。

それには様々な説がある。その中でも、僕が面白いと思うのは2つ。

まずひとつ目の説は、「科」というのは「級」と同じで、段差を表す古語であり、それ由来だというもの。

江戸時代の国学者・賀茂《かもの》真淵《まぶち》が「山国にて、級坂《しなさか》あれば地の名となりけん」と書いている。とにかく坂や段差、つまり険しい峠が多い山国だから「科野国」になったんだという説だね。

もうひとつは、「科の木」説。

この国には山野によく「科の木」が自生していたからという説だ。

また、諏訪大社の御柱祭《おんばしらさい》に用いる御幣《おんべ》は、科の木の皮で作られていた。1753年に書かれた「千曲之真砂《ちくまのまさご》」にはこう書いてある。

「信濃と号する当国に科の木あり。この樹皮を剥いで諏訪大社の神事に用うることあり。よって、科野国と名づくる也」

どちらの説もおもしろいよね。

でも、今回の旅ではこの「科の木説」の方に妙なインスピレーションを感じて、「科の木」を絶対に見に行こうと、ある場所へ向かった。

そしてそれは、まさに信濃の国が「十州に境連ぬる」県境にあった。

信濃の国は十州に境連ぬる国にして

熊野皇大神社《くまのこうたい》
旧軽井沢銀座通りから車で10分ほど走った碓氷峠《うすいとうげ》の頂上、標高1200メートルにあるひっそりとした森の中に、その神社はスピリチュアル感たっぷりに鎮座している。
境内に足を踏み入れようと足元に目をやると、県境を示す長野県と群馬県の文字に気づく。

この神社が、参道と本宮の中央で県境になっているという印だ。

神社に伝わる由緒記、また『古事記』や『日本書紀』などによると、日本武尊《やまとたけるのみこと》が碓氷嶺に登った際、深い霧の中で道に迷ってしまった。

そのとき、八咫烏《やたがらす》が、梛《なぎ》の葉をくわえ、それをときおり落とし、山頂まで道案内をしたという。

そのことに感謝して建立したのがこの神社だとある。

山頂まで来た日本武尊は、旅の途中の海で荒波を鎮めるために身を投じた最愛の妻、弟橘媛《おとたちばなひめ》を偲んで「吾嬬者耶《あずまはや》！（ああ、愛しき妻よ）」と叫んだという。

実はこのことは、県歌「信濃の国」の6番の冒頭で歌われている。

境内に入ってすぐ左側に、日本武尊「詠嘆の地」と書かれた標《しるし》が立っていた。

おお！　この場所で日本武尊は叫んだのかと感動して写真に収めたら、あら？　群馬県側にも「ここで叫んだ」の標があるではないか！　どっちやねん！　とツッコミを入れたくなる（笑）。

第二次世界大戦後、宗教法人法が制定され、都道府県ごとに宗教法人の登記が必要になったため、長野県では熊野皇大神社、群馬県側では熊野神社という名前になり、神社はひとつなのに2つの宗教法人が存在しているんだ。

さて、長野県側の社のずっと奥まで進んでいくと、そこにとてつもない幻想的なパ

熊野皇大神社
夏詣
長野県鎮座
碓氷峠 熊野神社

熊野皇大神社のシナノキ

ワーを放つ古木がそびえ立っている。

「熊野皇大神社のシナノキ」だ。樹齢800年を優に超える県指定の天然記念物だ。科の木の樹名が、信濃の名の由来であるという説があることを知ってここに来れば、その木が主幹にどっさりと苔を抱えながら県境に立っていることの重みに、計り知れない感動を覚えるのだ。

木に寄り添い、11メートルの高さがある先端を見上げようとすれば、幻想的な霧が立ち込めこの身を覆い隠してくれるような感覚になった。

この木が「信濃の国」の旅の出発点にふさわしい。そう、素直に思った。

感動の熱冷めやらぬまま神社の階段を降りれば、正面に喫茶店がある。

店の玄関には「長野県―群馬県」の県境の標がある。

ここ「しげの屋」では、一番奥の隅っこの窓際の席をお勧めしたい。

なぜなら県境をまたいでテーブルが置かれているからだ。そこで名物の「力餅」とコーヒーをいただく。いま僕は、長野県側で餅を食い、群馬県側でコーヒーを飲んでいるのだ！　と変な感慨に浸れる。

神社と科の木に力をもらい、しげの屋の力餅でパワーがみなぎる。

おしゃれな街巡りだけじゃない、こんな軽井沢の旅も良いのでは？

ちょっと寄り道

そうだ！　群馬との県境にもうひとつおすすめの場所がある。

テレビ番組でもよく紹介される「渋峠ホテル」だ。そこまでドライブして、女子大生のガールズ旅行のように、ちょっぴりはしゃぎながら県をまたいで写真を撮るなんていうのも良いよね。

ホテルの外観は、壁を色分けし、長野県と群馬県の県境を表している。住所は長野県下高井郡山ノ内町登録らしいけれど、県境ラインがホテルの真ん中を突き抜けているんだ。

ちなみにここまでのドライブでは、国道最高地点の峠を通過するから、そこで一旦車を停めて記念撮影するのもいいでしょう。空気が薄いよ！

さらに足を伸ばし、世界でひとつしかないという「スカイレーター」に乗って横手山《よこてやま》まで行き、さらにリフトに乗り継いで横手山頂ヒュッテまで行こう。

　そこでは、仲の良い家族で営む「日本一標高の高いパン屋さん」が待っている。高地では難しいとされる自家製パンを、ドイツ製の窯で焼き上げた本格派だよ。寒い季節には樹氷を見ながら、温かいボルシチを頼んでパンをちぎるのが通なんだ。ちなみにこの店も、階段までは長野県で、店内に一歩足を踏み入れれば群馬県になっているらしい。

　ここのご家族は長野県人？　それとも群馬県人？　どっちでもいいや！　とっても幸せそうな家族だから！


　他にも渋峠ホテルのように、宿の真ん中を県境が通っているのは、「槍ヶ岳《やりがたけ》山荘」だね。北アルプスを登山する人たちにとっては、最も人気が高い山のひとつである槍ヶ岳。

　横手山のように車で行くわけにはいかないけど、もし人生で1度でも槍ヶ岳登山に挑戦する機会があれば、是非この槍ヶ岳山荘にお世話になり、山荘内に引かれた線を発見してほしい。線の左右に長野県、岐阜県と記されているよ。

国道最高地点の峠

渋峠ホテル

横手山頂ヒュッテ

スカイレーター

いろいろな県境

ホテルや山荘以外にも、県境に位置する施設はいくらでもあるんだよね。

例えば北信地域ならば、斑尾《まだらお》高原スキー場は、東斜面が長野県飯山市にあって、西斜面は新潟県妙高市に属している。

あと、北信に行くなら、絶対に栄村《さかえむら》は訪れるべき。

日本有数の豪雪地帯で、新潟県との境にあるＪＲ飯山線の森宮野原駅に立ち寄ろう。１９４５年2月に降った雪が、7メートル85センチも積もったという柱が立っている。国道１１７号を走って、お隣の新潟県津南町へと渡る宮野原橋で下を流れる千曲川を見つめよう。

その橋の下で、まさに甲州（山梨）、武州（埼玉）、信州（長野）の県境に立つ甲武信ヶ岳《こぶしがたけ》から流れ出た千曲川が、新潟県に注ぎ込んで名前を信濃川に変える瞬間を見ることができるよ。


南信では、池の平ワンダーランドというレジャー施設が有名だ。

長野県根羽村《ねば》と、愛知県豊田市にまたがっている。中央自動車道の飯田インターチェンジから車で50分もあれば行けちゃうけれど、住所は愛知県豊田市になってるんだよね。

南信に旅をして県境に立ちたいならば、長野県辰野町と愛知県豊橋市を結ぶＪＲ飯田線の秘境駅「小和田駅」に行こう！「3県の境界線にある秘境駅」として、鉄道ファンにはよく知られてる駅なんだ。

正式な住所は静岡県浜松市なんだけど、駅の真下を流れる天竜川の対岸が愛知県で、駅の北側に流れる河内川の合流地点あたりが長野県天龍村になる。

駅のホームには、3県分境の駅を示す標柱が立っているので、ここで一緒に写真に収まるといいよね。

ここが秘境駅として根強いファンの心を惹きつけるのには理由があるんだ。頻繁に氾濫を起こした天竜川を治めるために、1956年に佐久間ダムを建設したとき、そこにあった集落がダム湖の底に水没してなくなった。だから無人駅の周囲には集落がなくなって人が居なくなり、しっかりとした車道もなく自転車すらも近づけないことから、まさしく真の秘境駅として認知されているからなんだよ。

信濃の国は、本州のど真ん中。

8県のお隣さんが居て、それぞれが良きライバルであり、良き影響を与え合う友達だ。行くあてなど決めなくても、あなたが越えたい県境に旅してみるというのも、良い旅と言えるのではないかな。

松本　伊那　佐久　善光寺　四つの平は肥沃の地

さて、信州は北信、東信、中信、南信に分けて様々なものを考えることが多いけど、「信濃の国」では、松本、伊那、佐久、善光寺という4つの平が形成されていると歌われている。これって、つまりは山国の中に盆地が大まかに4つ存在しているってことだと思う。まあ、本当は諏訪盆地も入れるべきなんだけどね。諏訪の人は、「諏訪の平」って言うもんね。

松本平へ

まずは松本の平に行ってみよう！

松本平を一望できる場所、美ヶ原《うつくしがはら》は超おすすめだ。

標高は、およそ2000メートル。車で気軽に行けちゃう高原だ。

晴れた日には、八ヶ岳連峰、南アルプス、さらには富士山も拝める。

電波塔が並んでいる王ヶ頭《おうがとう》は少し異様な風景だけど、地形上、この場所が信州のほぼ中央に位置していて、360度視界が開けているから建てられたんだって。もちろん、僕の番組もここを経由してみんなの元に届けられているんだよ。

テレビやラジオの時刻を伝えるCMで、昔よく聴いた「美ヶ原高原美術館　アモーレの鐘が○時をお知らせします」って言うのも懐かしい。シンボルの「美しの塔」は、濃霧が発生した時に避難する場所として建てられたんだ。

でももし、美ヶ原高原までは大変だというのであれば、もっと気軽に松本平を見渡せる場所がある。美ヶ原温泉の宿「翔峰《しょうほう》」だ。この宿のロビーテラスからの松本平の眺めは、ちょっと別料金を支払いたいほどの絶景。ちょっぴり贅沢して、風呂付きのお部屋を満喫したいよねえ。もちろんその湯船からも、松本の街と北アルプス連峰はたっぷり見渡せる。

ところで、この美ヶ原高原に降った雨や雪は、豊富な地下水となって松本市街地を潤しているんだ。松本って言えば、観光地は松本城って決まってるけど、「水の都」だって知ってましたか？　街のあちらこちらに湧き水や井戸が

翔峰からの松本平

あって、「まつもと城下町湧水群」と呼ばれている。それぞれを巡って、「利き水」巡りの散歩なんかしてみるといいね。「源智《げんち》の井戸」はとてもオーラがある場所で、おすすめですよ。僕はもうそろそろ、四柱神社前にある比較的新しい井戸、「若返りの水」を飲まなきゃいけないな(笑)。

なんて、湧水群を巡っていると交差点にポツンと不思議な石が祀られているのを見逃してはならない。高さが70センチほどの石。名前は、「牛つなぎ石」。

元々は、道ゆく人を守る道祖神だったんだけど、なんとあの「敵に塩を送る」の故事と深い関わりがあるんだ。

時は戦国時代。武田信玄は、駿河の今川氏、相模の北条氏と敵対。

今川と北条は策を練り、武田信玄の領地である信濃と甲斐に対して、太平洋側からの塩の流通を止めた。

牛つなぎ石

水の都 松本

これを知った越後の上杉謙信は、武田信玄と戦っていながらも、糸魚川から千国《ちくに》街道を通して塩を送ってやった。この「塩の道」を牛に乗ってやって来た塩が、1569年1月11日、いよいよ松本に到着した。その牛を繋いでおいた石が、この「牛つなぎ石」っていうわけだ。

この日を記念して、「塩市」が行われるようになったんだけど、明治になって、当時飴作り日本一だった松本は塩俵の形をした飴なんかを縁起物にして売っていて、今では「あめ市」という名前でお祭りになっている。街中の交通量が多い交差点の角に、ポツンとある石だけど、行き交う人たちに怪訝な顔をされながら、パチリと記念撮影しておいた。

ちょっと寄り道

実は、この「塩の道」千国街道は今でも歩くことができるんだ。大町市には、塩の道の博物館である「塩の道ちょうじゃ」があって、その歴史がよく学べるんだよ。

千国街道は、国道147号線と国道148号線の2つの国道路線で、並行して観光列車でも有名なJR大糸線が走っている。この列車に乗るならば、途中の穂高駅で下車して「穂高神社」にお参りするのがオススメ。

安曇野市は、古代の北九州を中心に栄えた豪族の「安曇氏《あづみうじ》」の名前に由来する地名。彼らは戦に敗れて全国に散らばって行ったんだ（諸説あり）。その中でも、ここにたどり着いた信州安曇族は珍しい例とされる。

こんな内陸に来たわけだけど、もともと海人族で海運に長けていた彼らは、まさに糸魚川から白馬の姫川を辿って来たという。ちなみに、この地方の人がよく食べる「エゴ」という特産品があるけど、こんな山奥でなぜ海藻の煮こごりみたいな食べ物があるのか疑問に思ってたら、これもこの安曇族が持ち込んだものだという。

毎年、9月27日に開かれる「御船祭」は、白村江の戦い（663年）で戦死した安曇族の英雄・安曇連比羅夫《あづみのむらじひらふ》の命日ということで、多くの観光客を集めて報道もされるくらい大きな行事なんだ。

もちろん僕は、大糸線に乗ってみたこともあるし、歩いて千国街道を味わったこともある。歩くのは大変だったけどね。本当にしんどいですよ。昔の信濃の国の人にとって、塩がどれほど貴重で大切なものだったかを感じることができる旅になります。

さて、先ほど「牛つなぎ石」の話をしたけど、石といえば、化石。

何を唐突に！　って思うかもしれないけど、この松本から車で15分ほど走ると、四賀地区（旧四賀村）に着く。１９８８年のこと、地元の小学5年生が釣りをしていて偶然見つけた歯の化石。これを機に、調査でなんと世界最古のマッコウクジラの全身骨格が発掘されて大騒ぎとなった。「シガマッコウクジラ」と名付けられて、長野県天然記念物として、松本市四賀化石館に展示されている。ここも訪れてほしいな。1500万年前は、松本市のこんな山奥が海の底だったなんてことを知り、壮大なロマンを感じることになる。

そのついでに、もしお暇があれば、地域唯一の小学校、四賀小学校を訪れてほしい。過疎化と少子高齢化によって4つの学校が1つに統合された学校で、僕が校歌を書いている。元気な子供達をずっと応援していきたい。

伊那平へ

さあ、お次は、伊那の平。面白いことだけど、「伊那谷」って言うのが一般的で、なかなか「伊那の平」という人はいない。確かに、西に木曽山脈、東に赤石山脈があって、真ん中を天竜川が流れて行く大きな谷と言えるのだろう。

平坦な土地が比較的広く、山脈に挟まれながらも大きな空は、僕も大好きな「パノラマの景色」と呼ばれるんだ。天竜川や氷河による浸食と断層の影響を受けて形成された河岸段丘も、この伊那の平の特徴と言われている。

さて、ざっと説明したこの特徴を、一発で確認できる場所に行こう！

それが、陣馬形山《じんばがたやま》山頂だ。それは、中川村の北端にそびえる標高1445メートルの「中川村民の心の山」だ。

中央道松川インターから21キロで、山頂付近まで車で行ける。頂上付近には、1936年からあるというキャンプ場が整備されていて、朝は雲海、昼は絶景、夜は満天の星を満喫できるんだ。武田信玄が狼煙を上げた場所とも言われている。太田切川、松川、阿知川、それに三峰川、小渋川、遠山川などが大きな扇状地を形成していて、この山頂から見ると、独特の田切《たぎり》地形が見て取れる。

伊那の平、すなわち伊那盆地は、天竜川に沿ってそれぞれ地域ごとに都市がある。北部にある辰野町はホタルの里であり、高遠町は天下一の桜が咲き乱れる。

陣馬形山から伊那谷

その南にソースカツ丼と駒ヶ岳の駒ヶ根市。宝剣岳を目指して、千畳敷《せんじょうじき》カールで秋の紅葉を楽しむ。下伊那地方に入れば、小京都とも言われる伝統的な地域文化を持つ飯田市が飯田盆地を形成している。

天竜峡の川下りは、人生で一度は経験しなきゃね。僕はもう、3回も乗ったよ。

さあ、ここに来て伊那の河岸段丘のはっきりしたところを拝んだら、小さな発見の旅を続けよう。

日本のど真ん中ってどこなんだろう？

って思ったら、迷わず辰野町の大城山に登ろう。その山頂へはほぼ車で行くことができるから安心だよ。パラグライダーのフライト地点になっていて、陣馬形山からは横に見る伊那谷だったけど、ここから縦に見る伊那谷の大絶景も凄い！　この山頂から、車を降りて北に1キロほど頑張って歩いて行くと、「日本の地理的中心　ゼロポイント」という高さ2メートルほどの標柱にたどり着く。ゼロポイントとは、緯度、経度が00分00秒で交わる地点ということだ。

実は国内には40箇所あるといわれているが、辰野町のこの場所は北緯36度00分00秒、東経138度00分00秒が交差している。この地点からさらに、北西にある鶴ヶ峰に行けば、1970年に設置された「日本中心の標」という展望台があるから、ここまで恋人同士で息を弾ませながら登って、「愛してるよ〜！」って叫ぶといいね。それこそまさに「日本の中心で愛を叫ぶ」ことになる。

しかし実は、平成30年にＮＨＫの番組「チコちゃんに叱られる！」で、このことが改めて検証された。結論から言えば、その「日本中心の標」から少しずれた場所に新たな中心の標が設置されている。

「チコちゃんに叱られる！」では、全国で28の自治体が同じ理由で我こそが日本の中心だと表明しているけれど、それらの自治体の平均値を算出したら、北緯35度59分56秒、東経１３７度59分56秒の場所こそが、「日本の中心の中心」だ！ということになった。ＮＨＫは番組で、「日本の中心の中心は辰野町」と発表したんだ。

新しく設置された「日本中心のゼロポイント」という場所まで確認しに行きましたよ。車を停めて森の中を30分トレッキング。途中、野生の猿の群れがすんで居ると思われるちょっと怖い道を通る。「キキーッ」って鳴き叫ばれる。

猿たちはきっと「おーい、また人間が日本の真ん中を確認しに来たぞ」って合図を出してるのだろう。少しだけ勇気と根気があれば、たどり着くことができるので、挑戦してみてはいかがでしょうか？

ただ、信州はやっぱり日本列島本州の真ん中なんだね。他にも、自分たちこそが「日本のへそだ！」と表明している場所がいくつかあるんだ。

小川村は「本州のＨＥＳＯ」を名乗っている。これは、本州を平面としたときに重心が取れる場所ということらしい。「道の駅おがわ」に行けば、そのモニュメントが立っ

大城山からの景色

ゼロポイント

チコちゃんポイント
日本の中心の中心
チコちゃんポイント

〜日本の中心の中心〜
チコちゃんポイント
長野県辰野町では、昔から日本の地理的な中心であることをうたうとともに地域の魅力を発信してきました。
“北緯36度00分00秒、東経138度00分00秒”
にあることがあげられ、以前より「日本中心のゼロポイントの標」、「日本の中心の標」などを設置してきました。このような中、平成30年秋に、NHKの人気バラエティ番組「チコちゃんに叱られる!」において、様々な理由から日本の中心を掲げている全国28自治体の
平均を算出したところ、“北緯35度59分56秒、東経137度59分56秒”と、日本中心のゼロポイントからわずか10m離れた
「日本の中心の中心は辰野町」として認定を受けました。
令和元年12月
寄贈　辰野ロータリークラブ

ている。

松本の浅間温泉にある薬師堂には、「本州中央の地」という石柱がある。これは本州の中心が長野県で、そのまた中心が松本だからという主張らしい。

南牧村にも「へそ」がある。公共測量の基準点である「平面直角座標系原点[★3]」のひとつが南牧村にあるのだ。長野、新潟、山梨、静岡の4県の公共測量をする時の基準点となる「第Ⅷ系原点」（東経138度30分00秒、北緯36度00分00秒）があり、この4県が本州のほぼ中央だからということで「日本のおへそ」と表明している。

こう言い出したらもう、他にもたくさん「我こそが日本の真ん中だ!」という自治体が出て来て、おかしいくらい全国各地に「日本の真ん中」を表明している場所がある。調べて見るといい。もう、なんでもありな感じだよ（笑）。

ちょっと寄り道

日本の中心の話をしたら、やっぱり「中央構造線」にも触れなきゃならないね。

伊那市と大鹿村は、日本列島の長大な断層である中央構造線がその真ん中を縦断している。この真上にあるのが「分杭峠《ぶんぐい》」だ。

ゼロ磁場の超パワースポットとして、全国から人気を集めているんだけど、その前に、中央道伊北インターを降りたら、まずは伊那市長谷《はせ》地区に向かおう。

この地域は全体が南アルプスジオパークに指定されている。ここにある長谷中学校は、地元の伝統野菜である「八房とうがらし」を復活させて、オリジナルのラー油「長谷の太陽」を製造販売し、地域の過疎化に歯止めをかけて希望を与えているんだ。この学校から眼下に見える美しいダム湖へ行こう。

日本ダム湖百選にも選ばれている「美和《みわ》湖」だ。度重なる氾濫に悩まされてきた三峰川をせき止めて造られた美和ダムによって出来た湖。この綺麗なダム湖には中央構造線公園があって、散策路が整備されている。

湖の真横から、断層が露出している場所をくっきりと見ることができる。「溝口露頭」だ。中央構造線は、大地がずれ動いた境目で、いわゆる断層ってやつだ。地震を起こしながら、左層と右層が少しずつずれて行った事をこの「露頭」は見せてくれる。この溝口露頭から、あの分杭峠が遥か先に見える。

そろそろ向かうとするか。車で10分ほど行くとシャトルバスがある粟沢駐車場に着く。そのシャトルバスに乗って、さあ、いよいよ分杭峠へ参ろう！

2つの断層が押し合いへし合いしている場所で、その力の均衡が保たれているので、科学的には解明されていないけれど、とても強い「気」を発しているんだって。まあ、マイナスイオンが増加されるって感じかな。

「気場」という場所で1時間ほどしっかり気を浴びていると、僕は手のひらにピリピリとした触感を感じた。方位磁針がクルクルと回る場所や、「気」が強く感じられる場所を探したり、とても楽しい。

もし時間があれば、もう一つの「中央構造線」の露頭を見にいこう。国道152号線（秋葉街道）で「北川路頭」まで行ってみるんだ。

ここでも、その断層がくっきりと分かるほど間近に見ることができる。赤茶色の断面が花崗岩で太平洋側となり、灰色の断面が結晶片岩で日本海側ということになる。これを眺めていると、「気」を身体中に浴びているという感覚を忘れて、地球は生きているんだなと、スケールの大きな感覚に包まれる。

その魅力に圧倒されて興味を持ったら、さらに車で20分ほどの「大鹿村中央構造線博物館」まで行こう。時間が許せば訪れてしっかり勉強してみるのもいいね。

B級グルメの街

さて、パワーを浴びて断層を拝んだら、伊那の市街地まで戻るとしよう。

ん？　お腹が空いたなあ。

駒ヶ根まで行ってソースカツ丼にするか。

それとも、伊那の名物ローメンにするか。

ソースカツ丼なら、発祥の店とされる「きらく」にするか、そそり立つカツの「ガロ」か。「明治亭」のテラスで食べるのもいいなあ。

ローメンなら、発祥の店とされる「萬里《ばんり》」か、地元民から芸能人にまで広く愛される「うしお」か。

めっちゃ悩んだ末に、口の中が

伊那ローメン

ローメンになって来たので、ここはやはり「萬里」に行くことに決めた。

このローメンは、1955年にこの「萬里」が始めたという。

当時はまだ冷蔵庫もない時代で、生麺を長持ちさせるために蒸して乾燥させて置いておいたところ、ゴワゴワした茶色の麺になってしまった。

この麺を、羊肉とキャベツを加えて醤油ベースのスープで煮立ててみたら、なかなか美味かったという。初めは、「炒肉麺《チャーローメン》」としてメニューに出したが、そこから「チャー」がとれてローメンになったというのが歴史らしい。お店の入り口付近には、「ローメン誕生の地」なんていう石碑まで立ってるよ。

甘口の醤油スープに浸かった麺と、茹でキャベツに羊肉。ソースや七味、ニンニクやお酢などを駆使して、自分の好きな味にアレンジできるのがローメンの特徴なんだよね。

僕が好きなもう一つの名店「うしお」のローメンは、現店主の祖母のお兄様が戦時中に中国で食べた料理を思い出して作ったものだという。

スープはほとんど無くて、まさに炒めた麺だからということで、今でもチャーローメンという名前で出している。

とにかく、伊那地方に来たらこのB級グルメは食べて欲しい。ただのB級グルメではなく、非常に歴史のある、地元愛に溢れたソウルフードなのだ。

水が美しい街

さて、この伊那平は、中央アルプスからの恩恵をたくさん享受している。

駒ヶ根にはあの「養命酒」の工場があるし、伊那には「かんてんぱぱ★4」の本社など、〝水が命〟の企業も多く存在している。工場見学してみるのもいいね。

それから、面白いことに、ＪＩＣＡ青年海外協力隊の訓練所も駒ヶ根にあるんだ。

数年前、高校の野球部監督を辞めてスリランカに渡り、当国に野球文化を根付かせて世界的な強豪国にするという夢を抱いた方を取材したことがある。ＪＩＣＡで訓練を終えた彼に密着してスリランカに一緒に飛び、その活動に感動したことを覚えている。

この監督がなぜスリランカに行きたかったかというと、戦時中に一時は日本が侵略したセイロン（現、スリランカ）だけど、終戦後にサンフランシスコ講和会議で、セイロンのジャヤワルナダ大統領が、「憎悪は、憎悪によって止むことなく、愛によって止む」というブッダの教えを演説で語り、対日賠償を放棄して日本の国際社会への復帰を後押ししたという歴史がある。日本はその恩返しに、経済大国となった後、スリランカの国会議事堂や主幹線道路などのインフラの整備に関わった。スリランカではこれを教科書などに載せているからか、とても日本人に対して友好的だった。

この歴史を知った彼は、55歳で高校教師と野球部監督を辞めて、ＪＩＣＡで訓練してその夢を追ったということだった。

そのJICAの訓練所からそれほど遠くない場所に、これまた僕の大好きな工場がある。ハイボールを好んで飲む僕にとっては、一日中いても飽きない場所だ。

宮田村は、貴重な蝶である「アサギマダラ」が生息する村と言われるが、それだけではなく、様々な生物が幸せそうに暮らす中央アルプスの自然環境を、洋酒造りに取り入れたマルスウイスキーの本坊酒造があるんだ。

こちらもまさに〝水が命〟だよね。

本坊酒造

地酒や地ビールは数多あれど、地ウイスキーはそうあるものではない。

ここでは、普段は見ることができない蒸留機ポットスティルや、ウイスキーの製造過程、原酒の貯蔵樽なんかも見せてくれる。

しっかり勉強した後は、併設のバーコーナーで試飲をしよう！

ウイスキー好きの友達には、独自ブランドの「岩井」や「信州」「駒ヶ岳」をお土産にするのはいかが。

森林浴を楽しみたい方におすすめなのは、南箕輪の大芝高原。

ここは、その昔は馬の餌などを採る草場だった。貧しかったこの地に木を植えその木で立派な学校を建て、さらに木を売って村を豊かにしようと考えた福澤桃十という校長先生によって始まった植林。これが長い年月をかけてやがて森となったのだ。

最初に木を植える人は、それが森になる景色を見ることはできない。自分のためではなく、誰かの未来のために植えるのだ。こんな立派な高原になって、地域の人々のオアシスとして親しまれていることを、福澤桃十先生はどう思っているのだろう。福澤先生に思いをはせながら森を散策し、大芝高原にあるカフェ自慢の「蕎麦ガレット」をいただいた。

佐久平へ

さて、佐久の平へやって来た。

ここは、御代田《みよた》町。浅間山の勇壮な全姿が望める静かな町だ。「信濃の国」に歌われる佐久平を形成する町のひとつだ。

ここに暮らす人々ならばほぼ知っている、お菓子メーカーの「レーマン」の工場がある。このレーマ

レーマン

ンのパッケージに、「麦チョコレートのパイオニア」って書いてある。

戦後間もない1948年、ミルクチョコレートの本場スイスに似た気候ということで、この御代田に工場が建てられ、すぐに麦チョコの製造が始まったそうだ。麦チョコは、誰が最初に作ったのかはわからないけど、レーマンが世に広めたということには変わりがない。御代田町は、ふるさと納税の返礼品にまでしていて、1万円の納税で麦チョコ12袋がもらえるらしい。(2020年時点)。

わざわざここまで来て、麦チョコを食べてもらいたい。というのも、全国のコンビニでは、この「ファミリーマート御代田ミネベアミツミ前店」でしか購入できないんだよ。レーマン社の真ん前にあるからね。「ああ、このお菓子は、ここから生まれ育って行ったんだなあ」って呟きながら食べてほしい。

さて、この佐久平を眺めてみることにしよう。

絶対的なおすすめポイントは、高峰高原だ。

国道18号を小諸方面に向かい、チェリーパークラインを登って行くと標高2000メートルに達する。ここから西に見下ろす佐久平は息をのむ絶景だ。余裕があれば、「ランプの宿」へ宿泊し、雲上の露天風呂に浸かって夜景を眺めるのもいい。朝はまた格別の眺めになる。ただ、高峰高原からの絶景は雲海に隠されることがしばしば。

くっきりと佐久平を見下ろしたいなあという人は、気軽に行ける上信越道の佐久平ハイウェイオアシス「パラダ」に直結した、平尾温泉「みはらしの湯」に立ち寄るといい。日帰り温泉で大人800円（2021年1月時点）とは少し高めの料金設定だけど、一度入ればそれがコストパフォーマンス的に十分満足できる温泉だということがわかる。素っ裸で見下ろすここからの眺めは、佐久平を上から満喫するのに十分だ。

死ぬまでぴんぴんしていて、死ぬときはコロリといこう！　という、エッジの効いた運動を展開し、「ぴんころ地蔵」まで存在する佐久市は、鯉料理が自慢の街で、中山道の五宿である岩村田《いわむらだ》、塩名田《しおなだ》、八幡《はちまん》、望月《もちづき》、茂田井間《もたいあい》の宿場町などがあり、昔からよく栄えてきたんだよね。

ちなみに、中込という場所には知る人ぞ知る三四六ファンの聖地「楽音酒家オアシス346」というライブハウスがある。この本を書いている松山三四六って、何処のどいつだよ！　っていうお方は、是非とも訪れていただきたい。僕のプロフィールのようなお店ですから。

さて、とにかくこの宿場街道を往来していた旅人も、きっと宿では美味しい味噌汁を飲んだに違いない。

だって、ここが信州味噌の発祥の地なのだから！

それは、佐久市安原にある臨済宗安養寺。鎌倉時代に、覚心上人が南宋（中国）に留学して持ち帰った味噌作りを伝えたお寺と言われていて、これが信州味噌のルーツじゃないかということなんだね。日本人にとって欠かせない〝ソウルスープ〟である味噌汁。安養寺は是非とも訪れていただきたい。

その後、安養寺味噌ラーメンを食べちゃおう。佐久市内のほとんどのラーメン屋さんが、それぞれのお店の特徴を活かした味を出していて、どこもみんな美味しいけれど、今回は佐久市協和にある、食材工房 光志亭に立ち寄ってみた。安養寺味噌を使ったラーメンは、細麺で野菜たっぷり、焼豚も柔らかい。サイドメニューで注文した餃子は、安養寺味噌ダレで食べる。この味噌ダレ、持ち帰りたくなるほど絶品なんだよなあ。

さて、旧浅科村の方へ向かうとしよう。国道142号の駅「ほっとぱ

みはらしの湯からの佐久平

〜く・浅科」に車を停めて、トイレ休憩がてらにお土産を漁る。なんて軽い気持ちで店内を物色すると、とっても存在を主張してくる品物がある。お米だ。どれもこれも「五郎兵衛米」とラベルにある。そうそう！　この辺りといえば、五郎兵衛米が有名なんですよ。

　この辺りはその昔、不毛の草原だった。水田を作るのに必要な用水がなかったから。1626年、市川五郎兵衛の挑戦が始まる。水源探しから始まり、遠く蓼科山の山中に湧き水を見つけ、それを水源としてまず岩下川に落とし、湯沢川との合流点である現在の春日で堰き止めて取水し、そこから山にトンネルまで掘ってついにこの地まで水を引いて来たのだそうだ。その距離は20キロ。およそ5年にも及んだ大灌漑工事は、五郎兵衛が私財をなげうって行われたとか。今では、北御牧村、小諸までをも潤す大切な用水となっているんだ。

　群馬県の南牧《なんもく》村出身の五郎兵衛さん！　あなたのお陰で、この場所も「信濃の国」にあるような「四つの平は肥沃の地、海こそなけれ物さわに」と、自信を持って歌えるのですね。五郎兵衛記念館は、ちょっぴり地味に存在しているけど、ここまで行ってきちんと勉強し、感謝しょう。それに、安養寺味噌ラーメンを食べたばかりだけど、五郎兵衛米も食べていこう。ちょうど、この道の駅で食べることができますよ。

ちょっと寄り道

それにしても、ラーメンにご飯と、炭水化物を少し食べ過ぎたなあ、っていうことになったら、他にもおすすめのカロリー消費スポットがある！

城下町と懐古園で有名な小諸市まで移動して、天台宗布引山釈尊寺へ。そう「布引観音」を訪れてほしい。

プチ登山と言ってもいいくらい、自分の体力と膝のグルコサミンに相談してから行ってみよう。入り口からひたすら、鬱蒼とした山道を登っていく感じ。

僕の歩みで、汗だくになりながらおよそ20分。頂上付近の山肌に張り付くように建てられた朱色の観音堂は、1258年の造立だそうだ。これまた鎌倉時代。もちろん、国の重要文化財だよ。ここに安置されているのが、牛に化身して強欲な婆様を善光寺まで連れて行き改悛させた観世音菩薩なんだ。

これが、あの「牛に引かれて善光寺参り」の故事の基になっているんだね。ヒーヒーフーフーと言いながら、登っていく途中にいくつも洞窟があって、かつて善光寺が火災になったとき、これらの穴から煙が出たなんていう言い伝えがあるんだとか。とにかく、ラーメンと五郎兵衛米のカロリーは消費した僕であります。

さて、牛に引かれて僕も善光寺へと向かいますかね。

ただ、一箇所だけ通っていきたい道があるんです。現在の東御市にある「日本の道100選」に名を連ねる場所、北国街道・海野宿《うんの》です。

江戸時代の旅籠屋造りや蚕室造りの建物などが立ち並ぶ、650メートルほどのこぢんまりとした宿場で、ここでは是非とも「うだつ」を見てほしいなあ。火事の際の延焼を避けるための斜めの壁みたいなものなんだけど、商家が経済力を誇示するために立派な「うだつ」を競って家に用いるようになってしまったので、貧しいお家は「うだつが上がらない」と言われたんだね。まあ、僕もまったく「うだつの上がらない男」ですがね。

海野宿では、築130年にもなる古民家で、僕のひいきのお蕎麦屋さん「福嶋屋」で、くるみダレで食べるお蕎麦を堪能してから、いよいよ善光寺へと向かおうと思います。

釈尊寺観音堂

海野宿のうだつ

牛に引かれて善光寺参り

善光寺平へ

さあ、やって来ました善光寺平。

ここは別名を長野盆地と言い、北は高社山《こうしゃさん》から南は戸倉上山田温泉までとみていい。

高社山より北は、飯山盆地となって超雪深い地区となる。

千曲川《ちくま》と犀川が合流し、特に合戦で有名な川中島は犀川が作った扇状地だ。

千曲川の東は、松代《まつしろ》、須坂《すざか》、小布施《おぶせ》という観光地が連なっているね。

善光寺平って言うくらいだから、何と言ってもその中心は、日本最古の仏像と言われている一光三尊阿弥陀如来像をご本尊としている善光寺だ。

現在のその本堂は、1707年のもの。

平安中期以降の阿弥陀信仰の普及に伴って、東国における最大の信仰の場となった。

江戸時代から明治時代以降も、常に全国から参詣者を集め、賑やかな門前町を形成していったんだ。

そこで、この賑やかさと古めかしさと自然が混ざりあう善光寺平を一望できるスポットをランキング形式で紹介しよう。

題して、「三四六がゆく！　善光寺平一望スポット」。

第5位は、「妻女山《さいじょさん》」。

ここから見渡せるのは、八幡原・川中島を中心とした扇状地一帯だ。

1561年、上杉謙信は海津城を見下ろす、この妻女山に1万3千の兵を率いて陣を設けたと言われる。★5 その急報を受けた武田信玄は、甲府から進軍し、茶臼山《ちゃうす》に本陣を構えた。

武田信玄軍の軍師、山本勘助がいわゆる「啄木鳥《キツツキ》戦法」を進言したことで、この場所が有名になる。

キツツキは、木を後ろからくちばしで叩いて驚いて出て来た虫を、前で待ち構えて捉える捕獲術を使う。

「謙信の妻女山を落とすには、妻女山の背後から攻めて前方で待ち構えて挟み撃ちにすればいい」と言う勘助の進言を採用し、信玄は戦の準備を進め、いよいよ海津城を出発した。

この時、炊事をしたのか狼煙を上げたのか、煙が多く立ち上った。

この煙が立ち上るのが、妻女山からは本当によく見えたんだろうなあ。

上杉謙信は、「奴ら、この山に仕掛けに来るぞ」と確信して、その日のうちに密かに「雨宮《あめのみや》の渡し」から千曲川を渡り、八幡原に軍を進めちゃった。

武田信玄の軍が妻女山に到着した時には、そこはもぬけの殻になってた。

とにかく、この妻女山からの眺めは素晴らしい。超地味な観光地だけど、車で登れて駐車できて、きちんと展望台もあるから、戦国時代ファンの訪問は後を絶たない。

ちなみに、ここまで登る道の途中で見落としそうな撮影スポットがある。喉が渇いた上杉謙信が、「えい！　ヤーッ」と槍の石突《いしづき》で突いた岩から泉が出たという「謙信槍尻《やりじり》の泉」だ。伝説の域を超えない話だとは思うけど、今にも枯れそうなくらいの水量だ。戦い続きで喉も渇くよなあ、なんて呟きながら、コンビニで買ったペットボトルの水をいただく僕でした。

続いて第4位は、「晋平の里間山温泉公園 ぽんぽこの湯」。

善光寺平を眼下に収める絶景温泉は、他にも探せば結構あったりする。僕がここを選んだのは、それが「晋平の里」であり、さらには県下最安値級の450円で、小人は200円だから（2021年1月時点）。中野市民からすれば、「なんだよ、ここかよ」って笑っちゃうくらい有名な憩いの場所でしょう。間山温泉ぽんぽこの湯だ。

晋平の里とは、作曲家・中山晋平の故郷ってこと。僕らが必ず口ずさむことができる作品を挙げてみると、「シャボン玉」「てるてる坊主」「背くらべ」などがある。「てるてる坊主」に至っては、作詞が池田町出身の浅原鏡村だ。作詞作曲が2人の信州人。信州人は、「てるてる坊主」を毎年梅雨時には全県民で歌わないとだね（笑）。ハーブで有名な池田町には、「てるてる坊主の館」があり、作詞家であった浅原鏡村について多くを学べる。凄いのは、2015年に町立高瀬中学校が、校庭に1万428体のてるてる坊主を飾ってギネス世界記録に認定されているんだよ。

ぽんぽこの湯自慢の露天風呂をいただく。善光寺平の北の果てが一望でき、北信濃を代表する北信五岳「斑尾《まだらお》」「黒姫《くろひめ》」「妙高《みょうこう》」「戸隠《とがくし》」「飯縄《いいづな》」を拝むことができる。あまりのパノラマ感に、長湯しすぎてのぼせないようにしなくちゃね。

ぽんぽこの湯近くには中山晋平の記念館がある。あと、そのついでに、高野辰之の記念館にも立ち寄りたい。

先の東日本大震災の後、多くの日本人が様々な思いを抱いて歌った唱歌「故郷《ふるさと》」。「兎追いし彼の山　小鮒釣りし彼の川～」である。その作詞家が高野辰之だ。彼が詞に描いた風景は、旧豊田村、現在の中野市にある。兎を追った山とは、「熊坂山」や「大平山」のことで、小鮒を釣った川とは「斑川」であると言われる。日本人の心の「故郷」は、旧豊田村の風景だなんて言われることがある。中野市は、「故郷のふるさと」という商標をとって、町おこしをしているんだ。高

謙信槍尻の泉

野辰之は、この他にも「朧月夜」「もみじ」「春がきた」「春の小川」など、誰もが口ずさめる名曲も作詞している。

現在の中野市は、唱歌の二大巨頭を生んだ凄い町なのだ。

高野辰之記念館

ほんぽこの湯からの善光寺平

ちょっと寄り道

ここでお待ちかねのグルメ情報！

長野市街へ戻ろうと、信州中野インターチェンジへ向かう途中、お腹が空いたので大好きなうどん屋さんへ立ち寄った。

中野市安源寺にある「田りた麺之助」だ。

一見、「絶対に美味しくないだろう」と思わせる立地と店構え（店長、許してね）、だが、そのうどんの味は本物だよ。初めて訪れた日、僕はここのカレーうどんに衝撃を覚えた。この日は暑かったから、ちくわ天冷やしうどんにしたが、こちらも文句なしの美味しさだ！　店長の人柄がよくわかる丁寧な仕事ぶりのうどん、是非ご賞味あれ。


じゃあ、ランキングに戻るね。

第3位は「森将軍塚古墳館」。

それは、現在の千曲市に存在する。そこには、今から1600年以上前に造られた、全長100メートルにもなる前方後円墳がドカンと待ち構えている。その当時の「科野のクニ」を治めていた豪族の首長の墓だという。

この辺りは、他にも有明山将軍塚古墳、倉科将軍塚古墳、土口将軍塚古墳などが国の史跡に指定されている大古墳群地帯だ。

古墳館に併設された立派な建物は「長野県立歴史館」で、この建物の地下から古墳時代中期の科野のムラの遺跡が出てきたらしい。

信州で最大のその前方後円墳へは、駐車場からピストンでのバス輸送もあるが、ここは自分の足で登っていこう！

途中には、発掘された家、小屋、儀式の場などが復元されていて、田んぼなどもあり、当時の暮らしをうかがい知ることができる。きつい坂道と、「こちらは近道」と書いておきながら「急な階段」と追記してある本当にきつい階段を何度も登りながら、汗にまみれて20分。どこか異国の砂漠の上に立つ要塞のような大きな古墳が突如として目の前に現れる。

階段を登りきり、前方後円墳から見下ろす景色は、肥沃な田んぼに畑、そして新幹線に高速道路だ。まるで「民のかせぎ」を表しているようで、そしてそれを王として喜んで見ているような不思議な気持ちになれる。


さあ、続いて、惜しくも頂点に立てなかった第2位！

「長野自動車道・姨捨サービスエリア」

嘘でしょ？　やっぱりここが1番でしょ！　と、僕も確かにそう思う。姨捨駅だっていい！

森将軍塚古墳館

姨捨サービスエリアから善光寺平

ＪＲ中央西線の特急しなの号に乗って長野駅から名古屋駅へ向かう途中、篠ノ井駅を超えると「善光寺平が一望でき、日本3大車窓の一つです」なんてアナウンスが必ず入る。特急は停車しないけど、「ＴＲＡＩＮ ＳＵＩＴＥ四季島」[★6]が停車するようになって、姨捨駅は改めて有名になった。各駅停車の鈍行に乗れば停車するから、僕はわざわざ降りたことがあるくらい、それはそれは素晴らしい風景だ。

２０１９年10月の「台風19号災害」によって、千曲川は決壊し大きく氾濫した。浸水して、収穫前のりんごを全て無駄にされてしまった農家へボランティアに行った後、僕は車でこのサービスエリアに来た。

胸が張り裂けそうな思いを、この景色にぶつけるためだった。

ここからは、大きく蛇行しながら善光寺平の下流域に流れ込んでゆく千曲川を見ることができる。あの日は、その川の両岸でいくつもの場所が浸水していたのがわかった。ボランティアで訪れたある農家の方の話を思い出していた。

「もう70歳を超えたけどね、人生で3度目なんだよ、千曲川の水がうちの畑に来るのはね」

歴史を遡れば、何度となく氾濫してきた千曲川が、その度に流域の土地を肥沃にしてきたという。その週末の僕のラジオ番組生放送で、僕は五木ひろしさんの名曲「千曲川」をかけたんだ。千曲川によって皆さんが酷い目に遭っていた最中、それでも僕はこの曲をかけるべきだと思ったから。

多くの反響をいただいた。「泣けたよ」「千曲川が悪いんじゃないよな」「また、いい土地にしていこうって前を向けたよ」って。

とにかくこのサービスエリアは、たとえドライブの途中でトイレに行きたくなくても、お腹が空いてなくても、ガソリンに余裕があっても、寄り道してほしい。そして、ベンチに座ってほしい。鎮魂と豊作の願いを胸に秘めながら、この素晴らしい景色と対峙してほしい。

さあ、ついに第1位の発表だ。

ここまでの絶景の数々を抑えて堂々の第1位に輝いたのは、「謙信物見の岩」。

それは、善光寺の北側、大峰山にそそり立つ岩だ。

ロッククライミングをやる人であれば、その訓練の地として全国的に有名かもしれない。そういえば、海津城（松代城）に旅した時、埼玉からやって来た初老の戦国好きに訊かれたことを思い出した。

「長野の方ですか？」

「はい」

「謙信が善光寺平を眺めて攻め方を考えたという岩は何処にあるんですかね？」

「はあ……」

その時、悔しいことに、僕は答えられなかった。しかし、その後、まさにその場所を訪れることになったのだった。

善光寺の北側は、少し高台に行けばすぐにでも良い景色が広がる。そこには結婚式場や高級料理店などがある。この善光寺平を一望できることがお値段の中に加算されるからだろう。割烹料理の高級店「美山亭」は、お小遣いを貯めてでも一度は行きたい場所だ。ここからの夜景は、信州牛の鉄板焼きを何倍も美味しくする。

が、しかし、そんな優雅な場所をこの三四六が絶景の1位にするはずがない。目の前の壁が高ければ高いほど、試練が辛ければ辛いほど、絶景というものは涙ものの感動をくれる。登山は、すれば景色が変わるのではなく、自分自身が変わるのかもしれない。なんて大げさなことを述べるほど、すごい登山ではない。

1位の謙信物見の岩は、善光寺から車で5分ほど登った霊山寺からアクセスしたほうが便利だろうか。ここはお寺ですから、きちんとお賽銭をあげて手を合わせて、御墓参りの方々のご迷惑にならないよう静かに境内を抜けて裏山へ。

明らかに登山道のような一本道があり、今にも熊や猪が出そうな山道を、蜘蛛の巣を払いのけながら登って行く。10分ほど荒い山道を上がると、デーンッと立ちはだかるように現れる大きな岩肌。よく見ると、ロープをかける金具がいくつも打たれていて、ここがロッククライミングの場所なんだということがわかる。その大きな岩肌を、右側から旋回するように登っていく。これがまた、整備なんかされてないような、なかなかのハイキングコースだ。そこを10分ほど進むと、いよいよ空が開けてくる。ラストのゴー

謙信物見の岩からの善光寺平

ル付近は、鎖場にしてほしいくらい怖い。

　そしてついに、謙信が善光寺平を見渡して打倒信玄を誓った岩、「謙信物見の岩」にたどり着いた。それは、まるで海の王者シャチが海面からジャンプしているような、そこだけ一つそそり立つ不思議な形をしていた。

　細心の注意を払い、靴を脱いでおよそ5メートルの頂点へ立った。

　写真では勇ましく善光寺平に向かって指をさし「天下はもらった！」感を出している僕だけど、膝はガクガク震えていたのであります。動画じゃなくて本当に良かった。この岩には、善光寺平絶景1位を与えるのにふさわしい道中の大変さとその価値のある凄みがありましたよ。

　長野市のホームページでも、公式に

紹介されているので自信を持って紹介したいですが、体力に自信がない方と、高所恐怖症の方にはおすすめいたしません（汗）。

とにかく、この善光寺平を旅していて、上杉謙信と武田信玄のゆかりのものが多いことを改めて知った。

ちょっと寄り道

善光寺平の絶景を眺めるのにもうひとつおすすめのスポットがある。

ランキング番外編として見てほしい。

茶臼山だ。動物園と恐竜公園があるので、お子さん連れには特におすすめ。

僕も、息子たちがまだ小学校に上がったばかりの頃、茶臼山恐竜公園に連れてきたことがあった。動物園があることは知っていたけど、前日に須坂市動物園に行っていたので、恐竜のオブジェで遊ばせたのだった。

茶臼山は標高730メートルというか

茶臼山からの善光寺平

ら、山というよりも丘だね。

動物園北口駐車場に車を停めて、そこから約4分間モノレールに乗って上がっていくのがおすすめ。

ところで、茶臼山は植物化石の宝庫なんだ。しじみなどの貝の化石も出ているらしい。植物園があって、むき出しになった崖からは、今でも化石を見つけることができる。

茶臼山自然史館では、これらの化石について勉強することもできるので、地元の小学生たちにとって最高の学びの場であり遊び場でもあるんだ。

かつて、妻女山に陣を張る上杉謙信と対峙するために、武田信玄はここに本陣を構えたこともあったという。確かに、遠く東に目をやれば松代までくっきりと確認できる。また、太平洋戦争中には、ここから出る石炭を利用したこともあったらしい。

りんご畑が残るこの茶臼山は、この地域に暮らす人々の憩いの場所と言われている。特に、辛いことがあった時や、何も考えたくないという寂しい気持ちになった時に、西陽に当たりキラキラとした家やビルを見て、心を落ち着かせるんだ。僕が行った時も夕方だったけど、確かに西陽に輝く街がとてもセンチメンタルだったなあ。

これは、善光寺平一望スポットに入れなければ叱られるね。

★1　１８７０年12月に、かねての増税策に困窮した農民約２千人が蜂起し、特権的豪農や商家を襲い、また中野県庁を焼き討ちし、県吏の殺害を行った。数日で鎮圧され、翌年１月には約６百人が逮捕、さらに2月には斬首刑、絞首刑など数百名に処罰が科せられた。

★2　１９６２年に制定された第一次全国総合開発計画は地域間の格差の解消を目的に、均衡的な発展のために「拠点開発方式」を打ち出した。その実現のために制定されたのが新産業都市建設促進法であり、その新産法に基づき、該当する地方の開発発展の中核として定められたのが新産業都市である。全国44の候補から15地域がその指定を受けた。松本・諏訪地域の他には北海道の道央地域などがある。

★3　日本国内の測定に、X座標、Y座標を用い、メートル単位の数値を使い、簡易的に位置、方向、距離、面積などを計算できるようにしたものを平面直角座標と呼ぶ。全国を19の区域に分け、その基準点を平面直角座標系原点という。

★4　伊那食品工業株式会社が作る寒天のブランド。

★5　諸説あり。武田氏の戦略・戦術を記した軍学書『甲陽軍鑑』には「西條山」と記されている。しかし、この「西條」山は「斎場」山の借音表記であり、妻女山は古代より近代初めにかけては「斎場山」が正式表記であった。

★6　ＪＲ東日本が２０１７年５月１日から運行を開始した周遊型の臨時寝台列車。

第2章

「信濃の国」2番をディープに旅する

四方に聳ゆる山々は
御嶽乗鞍駒ヶ岳
浅間は殊に活火山
いずれも国の鎮めなり

流れ淀まずゆく水は
北に犀川千曲川
南に木曽川天竜川
これまた国の固めなり

「信濃の国」の2番は、信州長野が誇る自然、特に山と川に注目している。そのそれぞれを見にいき、おすすめの場所を紹介するよ。

四方に聳ゆる山々は　御嶽　乗鞍　駒ヶ岳　浅間は殊に活火山

四方に聳ゆる山々は～♬で始まる前半は、御嶽、乗鞍、駒ヶ岳、浅間という名山を取りあげているんだね。

しかし、ここは大いにツッコミたいところ。山岳県長野が、この4つの山だけで説明できるわけがない。[★1]

信州には南北に3つの大きな山脈がある。北アルプスは飛騨山脈、南アルプスの赤石山脈、中央アルプスが木曽山脈だ。

これらにプラスして、八ヶ岳連峰だってある。北信五岳も忘れちゃいけない。

北アルプスは北部と南部の2つに分けられる。

北部が白馬岳、杓子岳《しゃくしだけ》、鑓ヶ岳《やりがたけ》の白馬三山。そこから、唐松岳、鹿島槍ヶ岳、爺ヶ岳《じいがたけ》、針ノ木岳までが「後立山連峰《うしろたてやまれんぽう》」と呼ぶ。さらに烏帽子岳《えぼしだけ》、野口五郎岳、真砂岳《まさごだけ》、鷲羽岳《わしばだけ》、三俣蓮華岳《みつまたれんげだけ》までが一区切りかな。北アルプスの表銀座、燕岳は中学校の学校登山に帯同して3回も登ったよ。山頂近くにある山小屋、「燕山荘」は日本一人気がある山荘で、北アルプス3大急登と言われる燕岳を登りつめた後に飲む生ビールは世界一美味しい！

　南部には、双六岳、槍ヶ岳、中岳、南岳、北穂高岳、唐沢岳、そして、僕が人生で初めて登った奥穂高岳は信州で一番高い山だ。さらに西穂高岳と続き、乗鞍火山帯を形成している割谷山、焼岳、乗鞍岳があり、信仰の山、御嶽山までが入る。

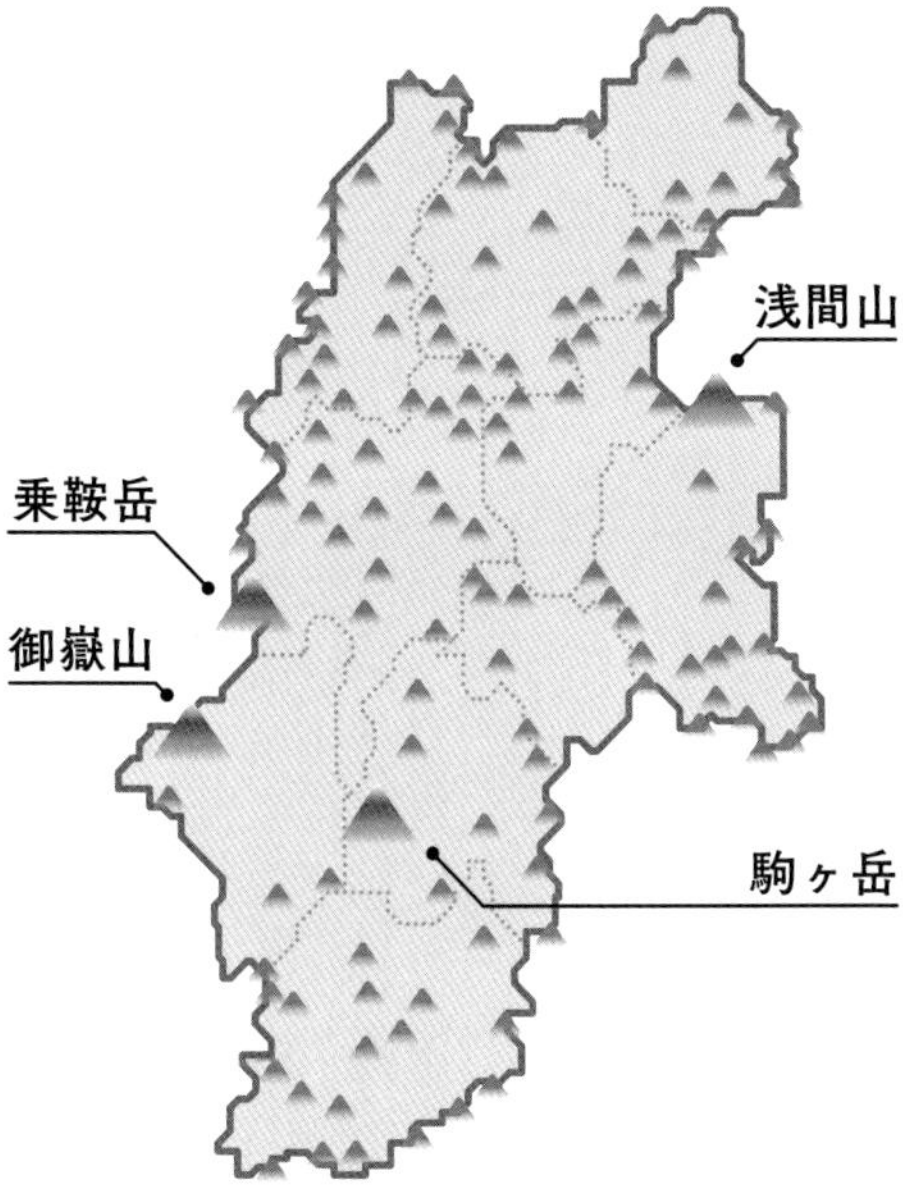

　南アルプスも南北に分ければ、北部が鋸岳、駒ヶ岳（甲斐駒ケ岳）、仙丈ケ岳、大仙丈ケ岳、伊那荒倉山、横川岳、三峰岳と並んでいる。南部には、塩見岳、日本一高い峠の三伏峠、赤石岳、大沢岳、聖岳がある。

　中央アルプスといえば、駒ヶ岳からはじまり、千畳敷カールが人気の宝剣岳、空木岳、越百山となる。

　山梨・埼玉県境には、金峰

山と千曲川源流の甲武信ヶ岳。その北には群馬県境の妙義山、荒船山系。そのさらに北にあるのが浅間山。もっと北には、上信火山帯の烏帽子岳、四阿山、信越国境にあるのは鍋倉山、苗場山、雨飾山だ。

山という山を挙げたらキリがない。まさに、長野県は「日本の屋根」なのだ。

そもそも、日本のアルピニズムは、英国人のウォルター・ウェストンが1892年に槍ヶ岳、翌年には穂高岳に登り、『日本アルプスの登山と探検』を書いたことで始まったとみることができる。それに伴い、日本山岳会が発足するのが1905年のことだから、「信濃の国」が書かれた頃はまだアルピニズムは始まっていない。

歌詞に4つの山しか登場しないのは、致し方ないのだ。

ということを前置きした上で、「信濃の国」に歌われている4つの山を見てみよう。

御嶽山

まずは、「御嶽山」だ。

最高峰の剣ヶ峰が3067メートル。2905メートルの位置にある「二の池」は、日本一標高の高い池だ。木曽町、王滝村に属していて遠くから見ても崇高な姿を見せる独立峰であり、活火山である。

ずっと静かだったこの山は、1979年10月28日に突然の大噴火を起こした。記憶に新しいのは2014年9月27日の大噴火。

僕は、生放送の中継で南信州を旅していて、テレビ局が右往左往していたあの日を鮮明に思い出せる。多くの登山客が犠牲となり、未だあの日の山頂から帰らぬ方もいる。僕はその翌年、ペットボトルの水を持って被災した山小屋に慰霊登山をした。

さて、「御嶽信仰」の山だけど、少しだけ楽をして登りたいなら御岳ロープウェイで飯森高原駅まで一気に行こう！　黒沢口コースを選べば、4時間で山頂へ行ける。4時間はなかなか大変な登山だと感じるかもしれないけれど、もし宿泊する余裕があれば、登山の疲れを癒すために僕の友達家族が営む宿、「たかの湯」でゆっくり過ごすといい。「百草の湯」と呼ばれる、岩から湯が湧き出るヒノキ湯船に浸かったら、暖炉があるおしゃれなリビングで旅の思い出を語り合うのも良い。

ちょっと寄り道

御嶽山に登るなら、ぜひ開田《かいだ》高原にも寄り道してほしい。

信州の最低気温ランキングで毎年ベスト3にランキングされるよね。ある日には、最低気温第3位野辺山高原、第2位菅平高原、第1位開田高原なんてこともあった。冬は気温がマイナス20度まで下がることもある。夏も当然、心地いい涼しさだ。

そして、ここの霧下蕎麦は絶品！　信州のおそば屋さんでメニューに

「開田高原産の霧下そば粉を使用しています」なんて書き添えてあったら、絶対に食べなきゃ損をするよ！

さらに、キャンプ場からほんの少し足を伸ばせば、「尾ノ島の滝」がある。御嶽山の雪解け水を集めた冷川《つめたがわ》の上流にある大滝だ。東京が気温36度だった猛暑の日も、水温は8度と変わらないマイナスイオンの宝庫だ。御嶽山の開山中興の祖、覚明行者ゆかりの修行滝なんだそう。

乗鞍岳

さてお次は、「乗鞍岳」だ。

北に焼岳、南は御嶽を含む大火山帯。

3026メートルの剣ヶ峰を最高峰として、大日岳、富士見岳、恵比寿岳、大黒岳など、23もの峰を抱える。僕にとっても特別な思い入れがある山だ。

2009年5月、県鳥であり、絶滅危惧種である雷鳥研究の第一人者である、信州大学教授（当時）の中村浩志先生と、まだ残雪が膝ほどにまで積もっていた大黒岳を、息を切らせて登ったんだ。

前日に、乗鞍登山には欠かせない「位ヶ原山荘」に宿泊して、美味しいビールを飲んで談笑していたら、「三四六くん！　何をやってるんだ！　君は、何をしに山に来たんだ！　早く外に出て、夜空を見上げなさい！」って、中村教授に叱られて慌ててビールジョッキを置き、山小屋の外に出た。

そこには数多の星が輝いていた。

あの夜の星空は絶対に忘れない。

東京生まれの僕はあまり星の光を感じたことはなかったのだが、その日初めて宇宙の広がりを感じることができた。

翌朝は快晴。スノーシューとアイゼンを装備して、雷鳥がいる頂上を目指した。

「氷河期の生き残り」と言われる日本の雷鳥は、人が近づいても逃げることはない。一方、欧州のスバールバル・ライチョウは人を恐れて逃げてしまうという。

それは、御嶽山に入山した覚明行者《かくめいぎょうじゃ》や普寛行者《ふかんぎょうじゃ》など、古くから信州には山岳信仰があったためだと僕は思う。古来日本人は、山には神様が住んでいると信じていた。頂上には祠を設け、皆、手を合わせる。そして、そこに暮らす鳥だから、雷鳥は神の鳥として守られ拝まれてきたために、人間をあまり恐れないのではないだろうか。

願いが届いたのか、大黒岳の頂上で雷鳥にやっと会えた。静かに、厳しい環境の中で生命を育んでいる姿は、僕達人間に「暑いなら暑いなりに、寒いなら寒いなりに生きなよ」と、言っているように見えた。

そのときの感動から、僕の「ライチョウの唄」は生まれた。

乗鞍岳 ©長野朝日放送

雷鳥 ©長野朝日放送

♬この厳しい寒さにも　何か意味があるのなら
　やがて、訪れる春を待とう　必ず来ると信じて♬

雷鳥たちの健気な姿に会いに、ぜひ、乗鞍岳にチャレンジしてほしい。

そして、その後は休暇村乗鞍高原から、エコーラインと県道84号線で、白骨《しらほね》温泉へ向かおう！

「白骨温泉公共野天風呂」は絶対に行って欲しい秘湯だ。誰もが憧れる乳白色の温泉に山の岩肌がそそり立つ、なんともワイルドな野天風呂だ。

全国の秘湯マニアは必ずここを訪れている。２０２１年１月現在、大人５２０円、子供３１０円（なんとも良心的な価格だ！）。

僕は、２０１４年にリリースしたベストアルバム『三四六音撰Ⅱ』のジャケット撮影で、この素晴らしい野天風呂を使わせてもらっている。

駒ヶ岳

続いては、「駒ヶ岳」。

「信濃の国」で歌われているのは、中央アルプスの最高峰である木曽駒ヶ岳だ。

南アルプスには甲斐駒ケ岳があるけれど、おそらく地元の人がよく区別するために言う「西駒」である木曽駒ヶ岳を「信濃の国」では歌っている。

何と言っても西駒では、2万年前に氷河が削った氷食地形の千畳敷カールへのゴンドラを楽しみ、そこから宝剣岳に登っていくのが醍醐味だ。2020年には国定公園に指定されている。冬の積雪の中でこの千畳敷カールをバックに結婚式を挙げるカップルが毎年いる。どの季節も素晴らしい景観だけど、秋の紅葉は特におすすめで、人生で一度は見にきてほしい。どんな有名な画家でも、描き表せないほどの自然美だ。

他に、本岳、前岳、中岳とあるけれど、この中岳に積もった雪が5月中旬に解けはじめ、その跡が麓の農民から見れば「草を食う駒（馬）」の形に見えることから山の名「駒ヶ岳」がついたと言われ、「そろそろ農作業を始めるよ」と暦の代わりになっていた。これって、種まき爺さんの雪形が現れる「爺ヶ岳」や、蝶の雪形が現れる「蝶ヶ岳」な

千畳敷カール

んかもそうで、信州の山の名前は雪解けの雪形から付けられたものが結構ある。

さて今回は、千畳敷カールから見上げる宝剣岳とは逆の方へ登山してみた。2015年に100周年を迎えた伝統ある西駒山荘の解体修復の時に、登山者にレンガを持って来てもらい、小屋を改築するという試みがあった時に、僕も参加登山をした経験がある。

駒ヶ岳の北、標高2730メートルの将棊頭山《しょうぎがしら》の山頂付近に立つこの山小屋は、建てられた当時（1915年）の石室が残っていて、登録有形文化財に指定されている。

この西駒山荘が建てられたきっかけは、1913年8月26日から28日にかけて起きた、悲劇的な山岳遭難事故だった。

中箕輪尋常高等小学校（現在の箕輪町立箕輪中学校）の学校登山が行われ、校長先生以下、11人が暴風雨に遭遇して亡くなった。

この事故は、新田次郎氏の小説『聖職《せいしょく》の碑《いしぶみ》』に書かれて、鶴田浩二さん主演で映画化もされている。

もしこの時、避難する小屋が近くにあ

遭難記念碑

ればこの痛ましい事故は起きなかった。

そこで、事故から2年後の1915年に石室が建設されて、その後も登山者の安全と行楽を支えるために少しずつ増改築を繰り返している。

このことを後世に伝える「遭難記念碑」が山頂の南側にある。

あれから100年以上、世界に唯一というべき郊外教育である「学校登山」を絶やすことなく続けてきたことは、山岳県長野の教育の宝というべきだ。

ぜひ、この西駒山荘までできて、「遭難記念碑」に手を合わせてほしい。

浅間山

最後は、「信濃の国」で「殊に活火山」と歌われている「浅間山」だね。

長野県側は小諸市、御代田町、軽井沢町に広がり、群馬県側は嬬恋村となる県境の山。

1783年の大噴火で、北斜面に溶岩流が流れ出し、現在の「鬼押し出し」を作り出した。今なお、日本を代表する活火山の一つである。(しばらくの期間は登山ができていない禁止区域となっていたが、2021年2月5日に噴火警報レベル1に下がり登山が可能になった。とはいえ、日々警戒レベルが変わるので、気象庁の発表に留意してほしい。)

ところで、「あさま」は火山を示す古語で、富士山の山頂にもある「浅間大社奥宮」

などは同じく火山への山岳信仰の表れだとか。阿蘇山の「あそ」も同じ意味らしい。

僕が訪れた時も噴火警戒レベル2（火口周辺規制）のため、火口から概ね2キロの範囲への立ち入りは禁止されている状況なので、鬼押出し園を訪れて、天明の大噴火の凄さに改めて触れてみるのもいいでしょう。

火砕流にのみ込まれて直接的に被災した人もたくさんいた。噴火により飛び出した軽石と火山灰で田畑が荒れ、しばらくの間、太陽光が遮られて作物がとれず、関東から東北地方まで餓死者が出たほどの大飢饉を引き起こした。

それだけではなく、同じ年にアイスランドの大火山、ラカギガルも大噴火を起こして、地球規模の低温状態がしばらく続いたという。

浅間山の麓、今は世界的な別荘地となった軽井沢も、その昔は中山道が通っていた宿場町、軽井沢・沓掛・追分があったけど、火山灰のせいで地下水脈が深くなり、よく霧がかかるので農業がうまくいかなかった。この街道は、やがて明治維新後に参勤交代がなくなると、人々の往来が減り、廃れていく一方だったという。

そこにやって来たのが、カナダ人宣教師アレクサンダー・クロフト・ショー。福沢諭吉のご子息の家庭教師をしていたという経歴を持つ彼がたまたま軽井沢に立ち寄り滞在し、故郷のトロントの気候に似ていると言って「つるや旅館」に頼んで別荘を建てた。これが、軽井沢初の別荘ということになる。ショーさんが、ここは空気が澄んで癒される「屋根のない病院みたいだ」と感動して、保健休養林の考えを軽井沢に持ち込んでくれなかったら、大金持ちが別荘を持つステータスのある今の姿とは違って、軽井沢は貧しい村のままで終わっていたかもね。

軽井沢銀座を上がっていけば、手入れされた森の中に「軽井沢ショー記念礼拝堂」がある。その裏に、移築された「ショー・ハウス」が建っているから、訪れてみるといいよ。ちなみに、ショーさんのお墓は、軽井沢ではなく東京の青山霊園にある。

在りし日の軽井沢は、軽井沢写真館というレトロなお店に立ち寄れば、貴重な白黒写真で拝むことができるよ。

白糸の滝

さて、浅間山の噴火で飛び出した火山岩が整然と堆積している場所があり、そこから湧水が広く湧き出している不思議な場所こそ、あの「白糸の滝」だ。このカーテンのような湧水が、湯川の水源である。湯川は、そこから軽井沢、御代田、佐久市を流れて千曲川と合流する。

そして最後に、覚えておきたい浅間山の歴史をもう一つ。

1953年、米軍は浅間山の標高1400メートル以上を山岳冬季戦学校の場所として使用しようとしたんだ。

もちろん、軽井沢町議会は全会一致で反対し、その反対運動は瞬く間に長野県全県に広がった。

軽井沢中学校体育館で開催された県民反対大会には、5000人以上が集まり、3時間を超えるシュプレヒコールが続き、その感情はついに、「信濃の国」の大合唱となって最高潮に達したという。

結局、米軍による浅間山演習地化計画は断念に追い込まれた。

ここでもまた、県歌「信濃の国」が、自分たちの暮らす故郷の未来を変え、守ったのだった。

ちょっと寄り道

山岳県長野ならではのレコードを持つ場所を紹介しよう。

それは、日本一標高が高いJRの駅、小海《こうみ》線の野辺山駅。南牧村にあり、その標高は1345・67メートルである。

そして、その野辺山駅からおよそ3キロ、清里方面に向かうと「JR鉄道最高地点」という標識がある。その標高は1375メートルである。

その先に踏切があり、とても小さな鳥居が見える。「鉄道神社」とある。2005年に「JR最高地点を愛する会」が建立した新しい神社らしい。実際に使われていたレールと車輪がシンボルで、また標高の語呂「ひとみなごうかく」から、合格祈願の絵馬もたくさん掛けられている。踏切を渡り、幸せの鐘を鳴らして、澄んだ空気と、ハンパなく広大な景色の中で、めっちゃ濃いソフトクリームをいただこう!

信州の東の果て、南牧村の野辺山高原はその他にも見所がある。国立天文台野辺山宇宙電波観測所など世界的な施設があるんだ。

その他、東京の大手スーパーにも並ぶ「ポッポ牛乳」のヤツレンもある。1972年まで小海線を走っていた蒸気機関車C56が、工場のすぐ横に展示されていて、牛乳のパッケージにカワイイ汽車が描かれている。予約すれば牛乳製造過程が見学できるんだ。

ＪＲ鉄道最高地点

野辺山駅

鉄道神社

流れ淀まずゆく水は　北に犀川　千曲川　南に木曽川　天竜川

さあ、「流れ淀まずゆく」と歌われている4本の大河について旅を進めるとしよう。北に犀川、千曲川、南に木曽川、天竜川だ。

川の話をするには、まず分水嶺の話をしなくちゃならない。

分水嶺とは、降った雨がやがて太平洋に流れていくのか、それとも日本海側へ流れていくのかが分かれる山地や峠のこと。

信州は日本の中心にある山岳地帯だから、自ずとこの分水嶺が最も多い県となる。調べれば面白い分水嶺は数々あるけれど、ここでは長野県でも最も分水嶺が多い塩尻市を訪れよう。

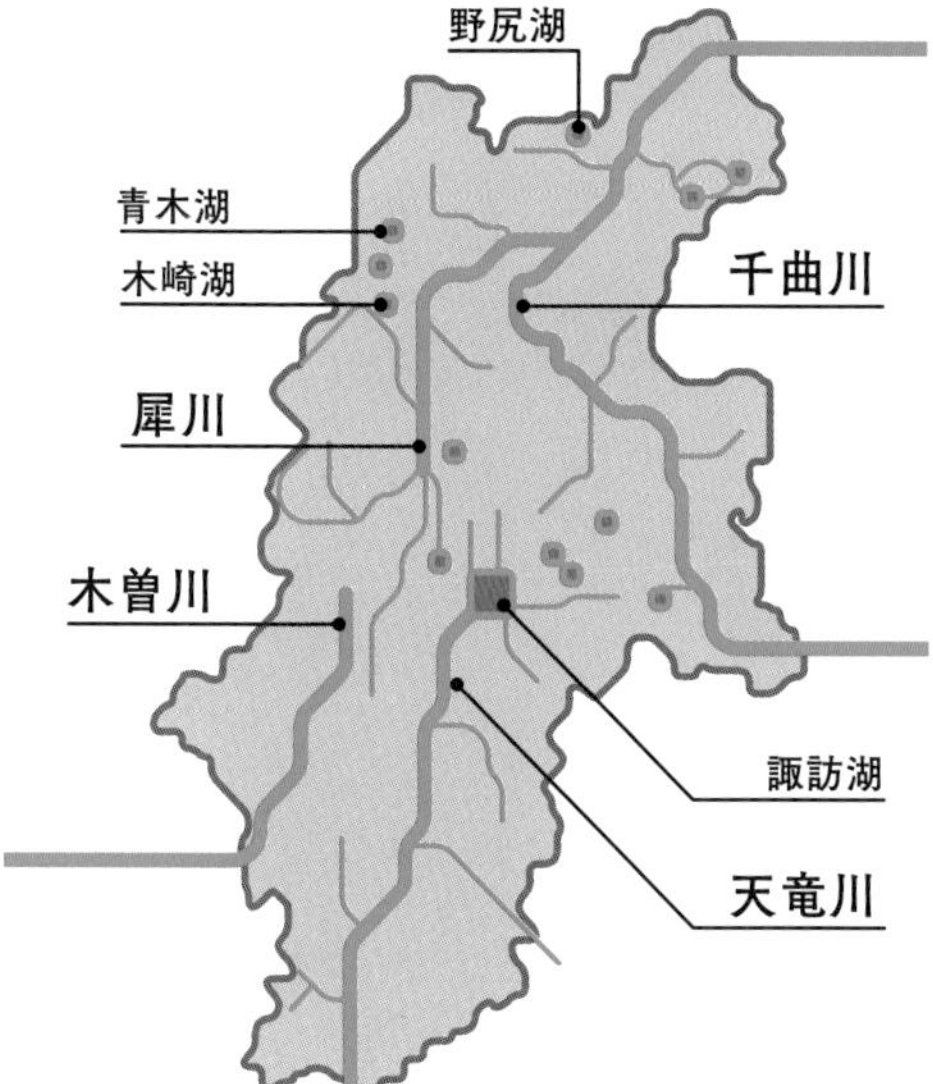

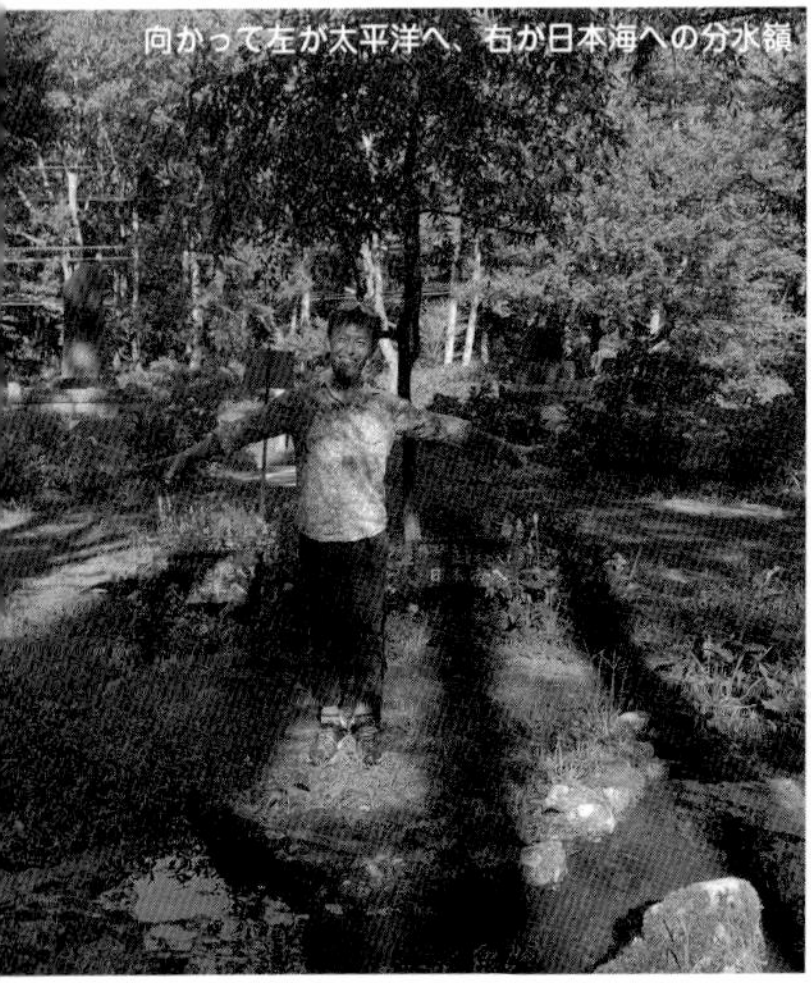

向かって左が太平洋へ、右が日本海への分水嶺

分水嶺公園

「塩尻峠」「善《う》知《と》鳥《う》峠」「鳥居峠」「高《たか》ボッチ高原」などがそうだ。

最も簡単に分水ポイントを確認できる場所がある。

善知鳥峠の分水嶺公園だ。元は三州街道、現在は国道１５３号が通っていて、塩尻峠から伊那方面へ向かう途中に、見落とさないほど大きな看板が立っているからわかりやすい。駐車場に車を停めて、徒歩15秒もすれば着いてしまうというくらいすぐの所に、その分水地点はある。

岩から出ている水が2方向へ分かれ、北は「権現川より信濃川をへて日本海へ」とあり、南は「善知鳥山川より天竜川をへて太平洋へ」とある。その真ん中を跨いで立ってみれば、大地を潤す水たちのまさに「運命の分かれ道」だと感動する。

犀川

さて、まずは犀川へ。

槍ヶ岳を源流とする梓川は、深い渓谷を作って南へと流れていく。穂高連峰に刻んだ梓川の景観美が、あの上高地だね。もう、何度も何度も訪れた大好きな場所だ。歩いて明神池で手を合わせ、「嘉門次《かもんじ》小屋」まで行き、冷たいビールと炉端の炭で焼いてくれるイワナを食べよう。

嘉門次は、あのウォルター・ウェストンの北アルプス登山を案内した人で、伝説の山男だ。その口癖は「山は猫のように歩け。石一つ落とすな」だったとか。その人が住んでいた小屋だから、歴史の重みを感じるよ。

撮影ポイントの河童橋横にある五千尺ホテル上高地が僕の定宿。いつ行っても、最高のおもてなしをしてくれる。このホテルの朝食は、洋食なのに大きな鍋があって、そこにはたっぷりの豚汁が用意されているんだ。何杯お代わりしたっていいんだよ！ 焼きたてのパンと目玉焼きに、この名物の豚汁がまたよく合うんだ。

さて、梓川のせせらぎを聴きながら朝食を済ませたら、その梓川の流れ行く先を考えてみよう。

梓川が松本盆地まで来ると、駒ヶ岳から流れて来た奈良井川に近づく。やがて篠ノ井線田沢駅あたりで、梓川と奈良井川は合流する。

写真右が奈良井川で、左は梓川、合流し写真奥の犀川へ

この時、川の名前が犀川に変わるんだ。

一方、槍ヶ岳を源流とするもう一つの川、高瀬川は常念岳の北側を流れ、大町を経由して松本盆地へたどり着く。

篠ノ井線明科《あかしな》駅の南側あたりで犀川に合流する。穂高川もここで合流するので、篠ノ井線からの車窓や、国道19号を車で走るときに見えるこの犀川大合流地点は、なかなかのスケール感がある眺めだよ。

その後、犀川は善光寺平まで来て川中島の大扇状地を作る。一方、鬼無里《きなさ》方面から流れて来た裾花川が合流してすぐ、千曲川に合流するんだ。この合流地点の辺りにかかっている橋の名前が「落合橋」。なるほど、信州を代表する大河である犀川と千曲川が、ここで落ち合うのね。なんか感動的。

こうして、北アルプス槍ヶ岳を出た梓川は、高瀬川などとタッグを組んで大きくなり、犀川となって善光寺平で千曲川にアタック。最後には日本海へと注ぐから、分水嶺的に言えば、犀川は信濃川水系ということになる。

ちょっと寄り道

僕は、松本から長野方面へ車を走らせるとき、時間があれば高速道路を使わずに国道19号を犀川に沿って走る。

生坂《いくさか》村を通過して旧大岡村に近づくと、僕が毎年夏に犀川遊びをする場所に着く。大町市八坂にある川の駅「さざなみ」だ。

ここから大好きなラフティングが楽しめるんだ。大きなゴムボートに乗って、犀川の渓谷美とスリリングな流れを下っていく。所々に、フォッサマグナが隆起した地層が露わになっている。楽しすぎて、もう興奮しまくり。白馬に本社を持つ白馬ライオンアドベンチャーが、予約から簡単なレクチャー、準備まで全て請け負ってくれるから、手ぶらでも行けて楽チンだ。

途中、川の流れの渦にボートが回転したり、大きな岩に上陸してダイブしたり、歳も忘れて弾けて遊んだ後は、「さざなみ」へ戻って温泉で体を休める。

ラフティング

これ、信州にいて経験していないなんて、信州を半分も楽しんでないことになるよね。

で、やっぱりお腹がすくでしょ？ そうしたらまた、車で19号を長野市方面へ走っていくと信州新町に入る。道路沿いのあっちこっちに、「ジンギスカン」の文字。

サフォークと呼ばれるスーパーブランド羊肉は、この地の名産だ。高タンパクで低カロリー。まったく臭みがなくて、タレがご飯とよく合うからついついお肉とご飯を同時にお代わりしちゃうんだ。

僕はいつも、信州の秘湯・不動温泉があり、宿泊もできるお店「さぎり荘」に食べにいく。川遊びとドライブで疲れた体が、これで一気に回復するんだ。

ちなみに、ジンギスカンと聞くと、半球型の鍋の下にもやしやキャベツを乗せ、上で羊肉を焼き、タレにつけて食べるのを想像するよね。けど、信州では、タレにつけた羊肉を焼肉のロースターで焼く。あの鍋は使わないんだ！ イメージと違うから最初はびっくりするかもしれないけど、味は保証するよ。

千曲川

千曲川に話を移そう。

新潟県との県境を越えると、信濃川と名前を変えるこの大河は、日本一長い川だ。全長367キロ。千曲川の名前のままでいいじゃないかと思うけど、河川法上は千曲川を含めた信濃川水系の本流を信濃川と表記している。

千曲川は、214キロ。信濃川は、153キロ。

では、千曲川から信濃川へ名前が変わる場所を確かめに行こう。

国道117号線で、栄村へ。新潟県津南町との県境にかかる橋が「宮野原橋」。下を流れているのはもちろん千曲川だ。ところが、この橋自体は新潟県に属するという。ということは、橋を渡る寸前の場所から下を見下ろした場所が、県境辺りということだから、まさにそこで千曲川は信濃川に名を変えるのか。

橋の上から見る川は、もう信濃川になっているってことだ。

さて、この千曲川。

甲州、武州、信州の3州にまたがる山、甲武信ヶ岳（2475メートル）が源流で、武州、つまり埼玉側に流れる川が秩父の長瀞《ながとろ》渓谷を作っている荒川ということになる。

信州側に流れ出る千曲川の最初の一滴を見てみたい！

以前、テレビ番組の特集でそれを実現させてもらった。

源流の村、高原レタスで有名な川上村を出発して、とにかくダラダラと長い坂道を登っていくような登山だ。アルプス登山とは全く様相が異なる。

川上村毛木平からハイキングコースが設定されているから、ここからの3時間コースで行くといい。途中は千曲川の上流らしい沢の音と涼しさに励まされてテクテク歩き、やがて周りの苔が濃くなっていく。

そして、甲武信ヶ岳頂上まであと1時間半というところに、「千曲川信濃川水源地標」の標が立っている。

その標から5メートルほど見下ろすと、草場の下から綺麗な水が湧き出ているのがわかる。これこそが「大河の最初の一滴」だ!

特別に許可をもらい、そこまで下ってから手ですくい上げ、渇いた喉に一気に流し込んだ。

「ああ、俺は今、千曲川を飲んでいる!」

この感動は、そこまで苦労して行った者にしか分からないだろう。

この湧き水を妻にも、とペットボトルに入れて持ち帰ったが、「何が? 普通の水じゃん」的な顔をする。「このやろー、お前も源流まで行け!」と言ってやりたかったが、グッと我慢した(笑)。

いいんだ、いいんだよ。そこに行った者にしか分からない感動は、行った者だけが心にしまっておけば良い。

この千曲川の最初の一滴が、日本海へ注ぐまでには平常時ならばおよそ5日間かかるという。増水して流速が上がった時は、自動車の徐行くらいの速さになり、およそ20時間で日本海へ到達するんだって。

千曲川といえば五木ひろしさんの1975年のヒット作、名曲「千曲川」を思い浮かべる人も多いだろう。その作詞を手がけたのが山口洋子さん。銀座の高級クラブ「姫」のオーナーママで、直木賞作家でもあり、さらに名作詞家でもある伝説の人だ。何度芸名を変えても上手くいかなかったが、テレビのオーディション番組「全日本歌謡選手権」で、審査員であった山口洋子さんに才能を見出されたのが、五木ひろしさんだ。ちな

千曲川萬葉公園と『千曲川』の歌碑

みに、五木さんの芸名は、当時「姫」によく通っていた作家の五木寛之さんにちなむという。そして、山口さんは作曲家の平尾昌晃さんとタッグを組み「よこはまたそがれ」を完成させ、それが五木さん初の大ヒット曲となり、演歌界のトップ歌手になったんだ。

「千曲川」は、山口洋子さんがロケをすることもなく想像で描いた作品と言われているけれど、信州人には故郷を思わせる歌謡曲として大切にされている。

実は、千曲川が眼下に流れる戸倉上山田温泉に「山口洋子 千曲川展示館」がある。「うそ」「ブランデーグラス」など往年の名曲を知るおじさんカラオケファンなら、絶対に訪れるべき記念館だ。名曲の数々を、思い出写真の中、カラオケで歌わせてくれるんだよ。そんな記念館、どこにもないでしょ。

ちなみに、万葉橋がかかる千曲川萬葉公園には、歌碑があって、ボタンを押すと恥ずかしいくらい結構な大音量で「千曲川」が流れる。

さて、戸倉上山田温泉へ行ったら、温泉郷から見上げる山肌に「戸倉上山田温泉」のネオンが目立っているのは有名だね。

この山に車で登ってみようじゃないか。そこには、三四六とっておきの「神社」があるのだから。その名は「澳津《おくつ》神社」。子宝祈願のスーパーパワースポットだ。男女和合の神様が祀られていて、神社内には石造りの男女の性器がかなりの大きさで祀られている。とてもリアルである。ホームページには写真も載せられていないほどだ。もちろん、個人の撮影も厳禁。若いカップルはニヤケてしまうだろうが、真剣に子宝、縁結び、夫婦円満などを祈願する参拝者がやってくる。

1950年代は、観光バスが列をなしたという戸倉上山田温泉。ここに暮らす初老の男性に話を聞くと、子供の頃は夜になると下駄のカランカランという音や、そぞろ歩く酔客たちの声で深夜まで寝ることができなかったそうだ。

今では、その名残を感じられるのは、スナックや酒場だけで、とてもノスタルジックな温泉街となっている。小林旭さんがギターを抱えてやってきそうな映画のセットみたい。それでも、本当に良い泉質なので、せっかく訪れるなら、ゆっくり泊まっていってほしい。

僕がよくお世話になるのは、1919年創業の「湯元 上山田ホテル」。

このホテルは、太平洋戦争中に体の不自由な子供たちの疎開を引き受けたという過去を持つ。東京、世田谷にあった「光明《こうめい》国民学校」（現・光明学園）に預けられていた子供たちは、空襲を免れるための疎開をどこからも拒否されて困っていた。ただ体が不自由だから、という理由でだ。

旧上山田村の村長で同ホテルの社長だった若林正春氏が、なんと60名もの受け入れを決め、その10日後に東京の空襲で光明国民学校が焼失したという。

戦中戦後の4年間、児童たちはこの戸倉上山田の地で大切に育てられたという。

障害を持った児童を受け入れることは、当時様々な偏見から反対の意見もあった。若林氏の英断は今改めて賞賛を受けている。ホテルの入り口前には戦後70年を機に建てられた記念碑がある。

こんな素晴らしいエピソードと歴史を持つ宿に泊まるのは本当に良い。

木曽川

さて、「信濃の国」に歌われている3つ目の川、木曽川の旅をしよう。

松本市、朝日村、木祖村にまたがる鉢盛《はちもり》山にその源流がある。

郵便はがき

お手数ですが
切手を
お貼りください

1 6 0 - 8 5 7 1

東京都新宿区愛住町22
第3山田ビル 4F

(株)太田出版
読者はがき係 行

お買い上げになった本のタイトル：

お名前　　性別　男・女　　年齢　　歳

ご住所　〒

お電話

e-mail

ご職業
1. 会社員　2. マスコミ関係者
3. 学生　4. 自営業
5. アルバイト　6. 公務員
7. 無職　8. その他（　　　）

記入していただいた個人情報は、アンケート収集ほか、太田出版からお客様宛ての情報発信に使わせていただきます。
太田出版からの情報を希望されない方は以下にチェックを入れてください。

☐ 太田出版からの情報を希望しない。

本書をお買い求めの書店

本書をお買い求めになったきっかけ

本書をお読みになってのご意見・ご感想をご記入ください。

＊ご投稿いただいた感想は、宣伝・広告の目的で使用させていただくことがございます。あらかじめご了承ください。
＊太田出版公式HP（http://www.ohtabooks.com/）でもご意見を募集しております。

朝日村の人々にとってはシンボル的な存在の山で、昔は雨乞いの神事が行われていたらしい。「鉢盛山に雲がかかると雨が降る」という言い伝えも存在していた。この鉢盛山から南へ流れるワサビ沢の源頭部が最初の一滴らしい。

国道19号で塩尻から木曽に向かう途中、鳥居トンネルを抜けるとすぐに「奥木曽湖」の看板があり、それに従いながら山道を登っていく。

このワサビ沢が下って味噌川となり、木祖村小木曽で笹川と合流して木曽川となる。御嶽山麓からやってくる王滝川と、木曽町福島川合で合流して岐阜県に入る。愛知県、三重県を潤し、伊勢湾に注ぐ。

味噌川ダム

都市伝説の域を超えないが、日本の大都市で名古屋の水道水が一番美味しいと聞いたことがある。それは、木曽川源流の森があまりにも美しく管理されているからだと思う。中京圏の大都市民の命の水を守っているのは、信州木曽の人々なんだ。昔は「尾張の水瓶」と呼ばれていたんだ。その美味しい水を作るのは森。小木曽で合流した笹川が流れる森では、トレッキングを楽しむことができる。ここが、原始の森、太古の森である「水木沢天然林」だ。ブナ、ヒノキ、サワラなどの広葉樹が生い茂っている。

日本での林業が盛んだった時代に、この森も伐採計画があったという。しかし、地質的に花崗岩が風化した土壌で、いわゆる「味噌土」と言われ、大雨による土砂災害がよく起きた。その防災のために、地中に広く強い根を張るこれらの木々は伐採を免れたのだという。

「味噌土」だから、味噌川なのかな？　と思ったら違うらしい。「まだ、木曽川になる前の〝未曽〟の川だから」という説があるという。ダジャレっぽくって、ちょっと笑わせるよね。

味噌川といえば、「味噌川ダム」だ。僕はこのダムが造り出した人工の美しい奥木曽湖でカヌー体験をさせてもらったことがある。「正沢《しょうざわ》親水公園」という場所でカヌーが体験できるんだ。

上流部には民家がないから、汲み上げた水をそのまま飲めるほど綺麗。湖の水が飲めるなんて、すごいことだよね。２００２年には、日本で一番水質の良いダムに名前が上がったんだ。

ここは、信州に9つしかないロックフィルダムのひとつでもある。ロックフィルダムとは、岩石や土砂を積み上げて作るダムのこと。手作り感ある雰囲気が人気のダム形式だ。ここに貯められた綺麗な水が、やがては太平洋の伊勢湾に注いでいくんだ。

味噌川ダムを越えて、さらに山の上部へ車を走らせれば、「奥木曽大橋」を渡ったところで、通行許可書が必要となる。木曽森林管理署に問い合わせよう。

標高1650メートルの車道脇に、「母なる川ここに生まるる」とあり、木曽川源流の碑が建っている。


奥木曽湖で遊んだら、木祖村藪原へ。

ここでは、伝統工芸品の「お六櫛」をお土産に買おう。

近くの鳥居峠に生えていた「みねばり」の木で作ったことから、この地域に根付いた工芸品だ。

江戸時代、中山道の峠の旅籠の美人娘「お六」は、偏頭痛に悩んで苦しんでいた。御嶽山に登り、願をかけたところ「みねばりで作った櫛で、朝夕と髪を梳きなさい」というお告げを受けて、それを実行したら頭痛が治ってしまった。

お六は、自分以外の人にも分けてあげたいと思い、作っては差し上げるという事を繰り返した。それが、峠を越える東西の旅人たちの評判となり、「木曽路藪原にゃ、お六櫛ってえのがある」と全国に広まったという伝説がある。

10センチほどしかない幅に、100もの歯が挽かれているお六櫛をいただいたことがある。それはもう神業の工芸品だ。トップモデルなどを担当するヘアデザイナーなどにも、このお六櫛を持っている人がいるという。長い髪をさっと梳けば、瞬く間に髪のほつれは解けてしまうのだとか。

女性には是非、道の駅でも奈良井宿などの宿場町でも、自分にあったお六櫛を見つける散歩をしてみて欲しいなあ。

木曽川は、今はとても静かに流れる川だという印象だ。けれど、平安時代からの古い文献にはとても危険な川だということを物語っているものが残っている。

大化の改新後に、朝廷が地方豪族を治めるために四方八方に張り巡らせた官道。その時にできた都から東へ向かう東山道は、木曽川が危険だから安易に通すことができなかったという。それで、信濃国に入るにはとても大変な御坂峠を越えるしかなかった。このことが、後述する「園原」を有名にすることになる。

そして、江戸時代になってようやく中山道が通り、木曽十一宿場町を生むことになったんだ。

木曽川の治水は、悠久の時を超えて行われてきたわけで、だからこそ様々なドラマと伝説と、先人の努力によって風光明媚な景色を生んだのだろう。

ちょっと寄り道

木曽川に、まさにこの本に打ってつけのディープな観光地がある。上松町正島の木曽川、その右岸側にある「蛙岩《かわづいわ》」だ。その名のとおり、蛙が上を向いて座っているように見える大きな岩で、その高さは3メートルと言われている。

古くから地元では、「増水時に、蛙がどんどん水に隠れて行くから、頭が隠れる前に避難すべし」という目安になっている。

ここへ向かう途中の車道には、まったく道標がない。愚痴をこぼしたくなるほど、「蛙岩へ」なんて看板はひとつもないのだ。まさにディープである。

迷いながら、宝物を探すように堂々巡りをして、逆にそれがワクワク感を高揚させて、やっと見つけた時には「あったー！」と、車の中で大声を出してしまった。

上松町出身の関取である御嶽海関は知っているのかなあ。本当に蛙が相撲

蛙岩

の「立ち合い」姿勢になっているように見える。ただ、木曽川に近づけない対岸からしか拝めないんだよね。

上松町は、これをもっと世にアピールしたらいいのに。きちんとお祓いをして、注連縄《しめなわ》をかけて、御神体としてお祀りし、水害などの災いを防ぐ神様としてお祈りされる存在にしたらどうだろう。なんてすごく勝手な事を思って手を合わせた。

天竜川

さて、最後は天竜川だね。

全長２１３キロ。そのはじめは諏訪湖の釜口水門だ。

辰野町まで渓谷を作って流れ、伊那谷へ向かう。飯田までの間に太田切川、与田切川、松川、三峰川、遠山川など多くの支流が扇状地を作り上げて、その沿岸は見事なまでの河岸段丘を形成している。松茸で有名な豊丘村のイメージキャラクターの名前が「だんQくん」[★2]なんていうくらいだ。最後は、静岡県を潤し遠州灘に出て太平洋に注ぐ。

実はあまり知られていないけど、諏訪湖は河川法では天竜川水系の一部とされていて、厳密にいえば河川だ。諏訪湖畔を歩くと「川をきれいにしましょう」的な看板が見つかる。諏訪湖にはいくつも川からの水が流入してくるが、流出してくれるのは天竜川だけだ。

この諏訪湖を一望できることで有名なのが、中央道諏訪湖サービスエリアだ。このサービスエリアは、温泉施設があることでも知られているため、わざわざここを旅の目的地にするドライバーもいたりする。

ここももちろんおすすめなのだが、僕は反対側から見る諏訪湖もおすすめしたい。それは、上諏訪の上、標高934メートルにある立石公園だ。

晴れた日には、アルプス連峰も富士山も拝むことができ、信州サンセットポイント100選と、新日本三大夜景・夜景100選にも選ばれている。諏訪湖を朱色に染めながらアルプス連峰へと沈んでゆく夕日を、一度は見て欲しい。

その他にも、遠くからポツンと小さな諏訪湖を見るという隠れ絶景スポットもある。塩尻の高ボッチ高原だ。国造りの神「ダイダラボッチ」が腰を下ろして一休みしたと言い伝えられている。

頂上まで行けば、富士山、南アルプス、北アルプス、なんと御嶽山まで見渡せる360度の大パノラマだ。

諏訪湖の花火大会の日には、プロカメラマンなどが高ボッチからの諏訪の平の夜景と花火のコラボレーションを撮りに来る。

諏訪湖はずっと、洪水に悩まされてきた。

そこで、昭和63年に改築されたのが今の釜口水門だ。そこから諏訪湖側を眺めて、さらに振り返って天竜川へ放出される様を眺めるのも良い。

さて、グルメのお話。

この地の名物といえば、カワゲラの幼虫であるざざ虫だ。天竜川で取れる珍味で上伊那地方の伝統的なタンパク源だった。正直に言えば、僕はまだ口にしていない。ごめんなさい（汗）。

だって、天竜川が注ぎ出す最初の街、岡谷《おかや》といえば鰻なんだもん！

ちなみに、鰻といえば土用の丑の日だよね。夏の暑い頃にスタミナ満点の鰻を食べるってイメージじゃないかな。ここ岡谷はちょっと違うんだ。「うなぎのまち岡谷の会」が、１９９８年に「寒の土用丑の日」を制定した。それまでは夏の土用丑の日が鰻を食べる日と言われていたんだけど、今では全国に寒の土用丑の日も定着している。だから岡谷は、寒の土用丑の日発祥の地を謳っているんだ。

というわけで、鰻のネタには事欠かない岡谷の町、そして諏訪湖周辺には鰻の名店がひしめいている。

釜口水門

僕がよく食べるのは岡谷市川岸にある「やなのうなぎ観光荘」だ。川岸って住所のごとく、天竜川の川岸に立つお店は、辰野町との境界あたりにある。

　およそ70年前から、店の真下を流れる天竜川に江戸時代から伝わる伝統仕掛けの「簗《やな》」をはり、天然鰻を獲っていたという。「観光荘」とは、ホタルの光を観る荘《やかた》という意味らしい。

　背開きしてパリッと焼き上げる関西風だから、鰻の皮の香ばしさがたまらない！　いつも明るい看板娘の女将さんに元気ももらえる。

　諏訪湖は糸魚川―静岡構造線の断層によってできた湖だから、周辺には良い温泉が湧いている。湖畔の温泉宿にはどこもお世話になっている。諏訪湖の宿の女将衆もとにかく明るくて元気がいい。「鷺乃湯」の女将なんて、ずっと喋って大笑いして漫才のようだ。

　ここでは、日帰りで楽しめるよりディープな温泉を紹介しよう。

　あれは数年前、僕のマネージャーだったK氏が「女性の生き霊が憑いている」と言われ、夏の暑い

寒の土用丑の日発祥の地

日に諏訪大社へお参りする僕の横で、「寒い寒い」と震えていた。地元のある方がそんな彼を連れて行ってくれたのが、下諏訪町にある毒沢《どくさわ》鉱泉 神乃湯だ。

ブルブル震える彼に、その人が「髪の長い女性の怨念です」と告げると、K氏も「やっぱりですか！」と得心がいった様子。すると、その人が続けて「はい。もう一人のショートカットの女性は大丈夫です」と（笑）。

つまりは二股をかけていたということで、見事その悪行が霊視によって暴露され、いよいよ信じるしかなくなった彼と僕は毒沢鉱泉に向かった。信玄の隠し湯とも言われる秘湯は、本当に隠れるようにして建つ一軒宿で宿泊もできる。日帰り入浴は800円。

入り口では布袋様、弁財天に薬師如来が出迎える。早速、茶色く濁った温泉に浸かった。「熱っ！」という僕の横で、ブルブルと震えながら「寒くないっすか？」と訊いてくる彼に、なんだかとても怖くなってイソイソとその温泉を後にしたのを覚えている。ここは、かなりのパワースポット温泉だ。

ちょっと寄り道

岡谷市にはもう1箇所、とってもディープな場所がある。岡谷市の東堀にある尼堂浄苑内、「永田徳本《ながたとくほん》の墓」だ。

お墓って！　と思われるかもしれないが、永田徳本とは、戦国時代から江戸初期にかけて活躍していた医者のこと。「十六文先生」と呼ばれ、どんなに偉い将軍様でも、病気を治した後には十六文しか貰わなかったということで有名なんだ（文献によっては十八文というものもある）。徳川秀忠の病を治癒しても、報酬をうけ取らなかったことでその名は全国に広まった。

甲斐国で生まれ、全国を回り、晩年は岡谷に住み着き118歳で生涯を終えた。

永田徳本の徳本が、あのシップで有名な薬品会社である「トクホン」になっている。元々は、鈴木日本堂という会社だったが、おそらくこの逸話を知って「トクホン」の名を付けたのだろう。

それだけ立派な人なのに、墓石はボロボロになっている。これは、全国から徳本さんの生き様に魅せられたファンと、長生きしたい人々がやって来ては、墓石を少しだけ削って煎じて飲むからだ、というにわかに信じがたい話や、この石でイボが取れるというおまじないをするからだという話もあるようだ。

それともうひとつ、おもしろい場所があるよ。

天竜がさざ波を立てて流れて行く喬木《たかぎ》村。そこは、「大造じいさんとガン」で有名な作家、椋鳩十《むくはとじゅう》の生地。僕の時代には、小学校5年の国語の教科書に載っていたなあ。信州で初めていちご狩りをやった村だという。春には美味しいいちごを食べて、椋鳩十記念図書館で読書に勤しむのも良いね。

さて、天竜川といえば舟下りもおすすめ。天竜川の舟下りは何度やっても楽しい。暴れ天竜が大地を削って作り上げた渓谷美は、本当に感動的。途中で投網なんかをして船頭さんが魚を獲るパフォーマンスがあるんだけど、特別にやらせてもらったとき、船頭さんでも獲れなかった魚を獲ってしまって、大いに盛り上がった思い出がある。あのウォルター・ウェストンも、1891年の8月に天竜川の船下りを楽しんだという。

飯田市の天龍峡温泉港から泰阜《やすおか》村の唐笠《からかさ》港までの「天竜ライン下り」8キロコースを楽しみ、時間を合わせて飯田線の秘境駅なんかを訪ねるのも、ゆったりとした旅になるので良い。もうひとつ、飯田市松尾の弁天港から時又港の6キロコース「天竜舟下り」もおすすめ。

天龍峡

さらに2019年には、真上から渓谷を見下ろすことができる大きな橋ができた。全長280メートルの天龍峡大橋だ。

三遠南信自動車道を通すためには、この国定公園になっている天龍峡の上を通過しなければならない。国定公園にこのような構造物を造ることは、通常であれば許されない。しかし三遠南信自動車道は、この地域の悲願だった。

そこで、天龍峡の自然と人々の暮らしの調和のために、日本一扁平《へんぺい》なアーチ橋にし、人々に自然を楽しんでもらうために桁下にぶら下がり式の遊歩道をつけた。この遊歩道は「そらさんぽ」と名付けられ、史上初めて天龍峡の上空を歩いて渡る、絶景とスリルを楽しめる散歩道が完成した。

遊歩道の真ん中では、数時間に一本だけ走っている飯田線が、トンネルから出て天竜川の端を通過していく姿を真上から見ることができ、鉄道ファンの聖地となりそうだ。

★1　日本百名山に挙げられる山が29座（日本一）、国内3000メートル級の山23のうち15座が長野県にある。
★2　長野県のPRキャラクターは「アルクマ」。

第3章

「信濃の国」3番をディープに旅する

木曽の谷には真木茂り
諏訪の湖には魚多し
民のかせぎも豊かにて
五穀の実らぬ里やある

しかのみならず　桑とりて
蚕飼いの業の打ちひらけ
細きよすがも軽からぬ
国の命を繫ぐなり

「信濃の国」3番に入ろう。

この歌詞はまさに「信州って凄いんだぜ！」と自信に満ち溢れているよね。

この県歌が歌われはじめたのは1900年から。この頃、信州は特に養蚕が絶頂期を迎えていた。産業革命が進んで、全国1位の養蚕県になっていた。この時代の日本の輸出は、第1位が生糸、第2位が石炭だった。1900年の貿易記録では、輸出額第1位の生糸が4466万円で、第2位の石炭が2003万円とある。ダブルスコアだ。

だから、この「信濃の国」3番の最後で「国の命を繋ぐなり」と朗々と歌っているんだ。この信州が日本の命運を握っているんだぞ！って。

木曽の谷には真木茂り

さて、「木曽の谷には真木茂り」だね。

この真木とは、ヒノキの美称のことだ。木曽のヒノキは、平安時代から建築材として伐採されてきた。豊臣秀吉も徳川家康も木曽ヒノキに魅せられ、木曽谷が尾張藩の直轄地にされた。この尾張藩の伐採の遺産が、上松町にある「赤沢自然休養林」なんだ。

現代でも、式年遷宮の時には最もいいヒノキが選ばれ、御神木祭が催されて伐採される。歴史的な建造物に使用された例は数多く、姫路城の昭和の大修理や、愛媛の大洲城の復元にも使われている。

　その他、山口県岩国市にある「錦帯橋」にも木曽のヒノキが使われた。１６７３年、岩国藩主・吉川広嘉によって建造された木造の橋は、川幅２００メートルにかかる大きな橋で、中央の５連のアーチは訪れるものを圧倒する。このような形状の橋は、ユネスコ世界遺産に登録されている世界中の奇妙な橋たちの中にも見あたらないらしい。だ

木曽の大橋

赤沢自然休養林

から、山口県岩国市は、世界遺産登録を目指して頑張っている。東京でも、「明治神宮神楽殿」や「湯島天満宮本殿」にも木曽ヒノキが使われている。

もちろん地元・木曽でも見ることができるよ。奈良井宿の「木曽の大橋」や、南木曽町の「桃介橋《ももすけばし》」は国道19号から見ることができる。この桃介橋は、関西電力の前身だった大同電力社長の福沢桃介が、発電所を建設するための資材運搬路として建設したもので、1978年から老朽化のために通行禁止となっている。

さて1708年、秀吉時代からの長年の伐採により森林資源が枯渇したため、ヒノキ、サワラ、アスナロ、ネズコ、コウヤマキの、いわゆる木曽五木の停止木《ちょうじぼく》制度が出された。地元の人たちは一本も木を切ることを許されない「木一本首一つ」という厳しい伐採禁止制度が敷かれたという。今見ることのできる木曽ヒノキは、その時期に自然に落ちた種から育ったものだという。樹齢はおよそ300年。ちなみに1940年、日本で初めてチェーンソーが使われた場所でもあるんだ。

赤沢自然休養林は、夏には、「小川」という川で、地元の住民たちが涼を楽しんでいる。昔はヒノキを流して運んだこの川は透き通っていて、自然の岩の滑り台を滑ったり、大きな岩から飛び込めたりする。30分に1本、森の中をトロッコ列車が走っていて、これに乗って美しい木々の奥まで旅ができるんだ。もちろんこの列車も、ヒノキを運び出すのに使われていたものだ。

過酷な林業の歴史をきちんと学び、神様が宿る木々を拝み、ここを守り続けてくれている人々に感謝しながら、この「森林セラピー発祥の地」を楽しもう。

　そして、ここに生息するアカシアから採れる蜜を使った「アカシアソフト」は、必ず食べよう！　あと、実は名物のカレーパンもね。

諏訪の湖には　魚多し

「諏訪の湖には　魚多し」は、もちろん諏訪湖の漁業のことだね。

湖のことを「うみ」と歌っているのは、外洋に触れていない山国信州の人々にとって、湖こそが海だったからだという。明治時代までは、実際に湖を「うみ」と発音していたらしい。

　ちなみに、信州には不思議と「海」がつく地名が多い。信濃町の古海《ふるみ》や、大町の木崎湖の海ノ口など。小海町《こうみまち》は、８８８年の天狗岳崩落の際に相木川がせき止められて出来た盆地ということで名付けられた。ちなみに、この小海町出身の有名人といえば、映画監督の新海誠さん。小海町には、映画「君の名は。」に登場する「糸守湖」や「宮水神社」のイメージソースとなった松原湖や松原諏方神社があるよ。

　諏訪湖といえば、諏訪湖周と呼ばれる周辺の市町村に茅野市があり、茅野市には「湖

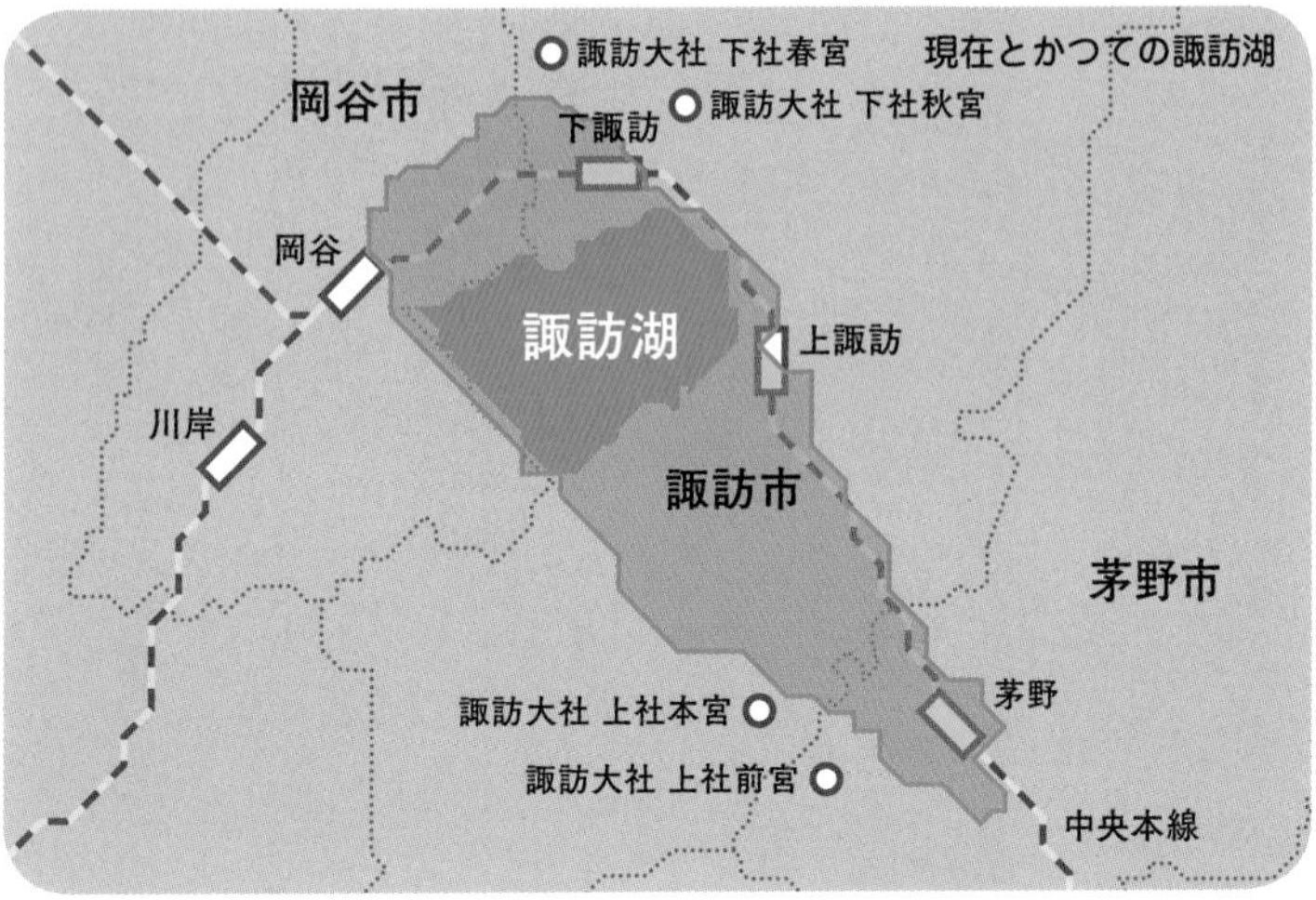

東」という住所がある。ここって、諏訪湖からはかなり離れた八ヶ岳山麓なんだけど、実は、かつてはここまで諏訪湖だったということなんだ。諏訪湖ってデカかったんだねえ。

天竜川の源流、海抜は795メートルで、世界的に見ても標高の高い場所にある諏訪湖。

八ヶ岳と蓼科山から吹き下ろす冷たい風で、冬は全面結氷して「御神渡《おみわた》り」が現れる。かつてはこの氷の上で、戦車が訓練したり、スケート大会なんかも開かれたり、特にスケートに関しては、日本のスケートのパイオニア的な存在で、「下駄スケート発祥の地」だ。残念なことに、地球温暖化の影響で全面結氷することが近年ではあまりなくなってしまったが、このあたりのことは、下諏訪町にある「諏訪湖博物館・

下駄スケート発祥の地

赤彦記念館」で学ぶことができる。

流線型の近代的な建物で、残念ながらあまり来客がない。でも、これってあまりに知られていない証だ。2階に上がれば、下駄スケートを履いて滑るモンペ姿の女学生の写真や、諏訪湖の賑やかだった頃の歴史的な写真が満載で、とても楽しいよ。

1905年に鉄道が東京から岡谷まで開通して多くのスケート客たちが遊びに来るようになった。でも、スケート靴は外国製のものしかなくてとても高価だった。そこで、下諏訪町の飾職だった河西準之助が下駄でスケート靴を作ったのがその始まりだという。このことで、急速に市民に諏訪湖スケートが広まったんだね。諏訪湖は、湖上においての初のフィギュアスケート大会が開かれた場所。1908年には、諏訪湖一周スピードスケート大会まで開かれている。

　さて、諏訪湖は一周16キロもあるけれど、水深は7メートルしかない。湖泥が300メートルも溜まっているからだ。東洋のスイスと言われるように、戦後、精密機械工業が盛んになったこの地では、工場と家庭からの排水が流れ込み、水質汚染が深刻化してしまったのだけれど、美しかった頃の湖を取り戻そうと、今も懸命に水質改善活動が行われている。現在、美しい諏訪湖と八ヶ岳の大自然を後世に残すための一大スポーツイベントとして、「SUWAKO《スワコ》 8PEAKS《エイトピークス》 MIDDLE《ミドル》 TRIATHLON《トライアスロン》」というトライアスロン競技が開催されている。走って、泳いで、自転車をこぎ、諏訪湖周辺の美景を楽しむ。諏訪湖を泳ぐ、という夢のようなことが実現しているのだ。

　少し前にテレビやSNSで有名になった「バッタソフト」がある岸には、スワン型の遊覧船や水陸両用バスなどが並ぶ。冬はここからボートに乗って湖上に出て、プカプカと浮いているドーム船に渡り、缶ビールなんかを一杯引っ掛けながらワカサギ釣りを楽しもう。ストーブが焚かれているぬくぬくとしたドーム船内で、船底のパックリと開いた場所から糸をたらして、ピョコンピョコンと竿を動かして誘うとワカサギが食いつく。釣ったワカサギは、岸に戻ってお願いすれば天ぷらにして食べさせてくれる。

　当然、めちゃくちゃ美味しい。明治時代には、タニシ、シジミ、フナ、ハヤ、コイ、さらにはエビやウナギまで豊富に採れていた諏訪湖は、まさに「魚多し」の湖だったんだね。

諏訪湖には、ずっと語り継がれてきた都市伝説がある。

「信玄の水中墓伝説」だ。

信玄は、1542年に諏訪の地を制圧している。そして、この地を治めていた諏訪頼重の娘を側室に迎える。彼女が後に勝頼を産む諏訪御料人である。

さて、1573年、甲斐に戻る途中で信玄は生涯を終えた。その時に遺言を遺したという。

「自分の死を3年間隠蔽すること」

そしてなんと、

「亡骸は、具足をつけて諏訪湖に沈めること」

その通りに、1576年4月12日の夜、侍たちの真っ赤な松明に照らされながら、石棺が静かに諏訪湖の底へ沈められたと伝わっている。

1987年、民間会社が調査して、25メートルほどの大きさの菱形の人工物と思われるものを確認した。菱形は武田家の家紋だから、大きな騒ぎとなった。

その後、多くの調査が行われ、1989年の調査では桔梗の紋のお椀が一個、確認されている。

ただ、前述したように諏訪湖は湖底に泥が堆積していて、その泥をすべて掻き出すことは恐らく不可能だろう。

諏訪湖は神の湖。それは、悠久の昔からずっと変わらない。

だとすれば、天下統一を目指した信玄がこの神の湖に葬ってくれと言い遺したという伝説を信じない理由はないと、僕はロマンを感じている。

ちょっと寄り道

上諏訪駅にはホームに足湯がある。

これは「中央本線の一駅ひと自慢」という遊びのひとつで、例えば塩尻駅ホームにはワイン用のぶどう棚があって、実際に秋には収穫されてワインになる。

あまり知られていないのが、茅野《ちの》駅のホームにある「黒曜石」だ。

黒曜石は、3万年ほど前の旧石器時代に欠かせなかった石で、狩猟にも炊事をするのにも、女性たちのオシャレなアクセサリーにも使われた。

全国各地で採掘されるけど、この茅野市界隈から採れる黒曜石は全国一の質を誇った。そのため、東北や九州から船を使ってやって来る人たちもいて、出身地の特産品を土産に集落に入れてもらい、数ヶ月間滞在して憧れの信州産黒曜石を掘ったという。

黒曜石の聖地といえば、霧ケ峰高原の東にある鷹山。ここの星糞《ほしくそ》峠は、それはそれは立派な黒曜石が採れたので、日本中から人が集まり、もしかするということは日本の中心地のようになっていたのでは、と学者に聞いたことがある。星に糞って、すごい名前の峠だけれど、今でも国や大学の研究機関などが黒曜石を採掘している。この大昔のロマンは、長和町大門にある「黒耀石体験ミュージアム」で是非とも感じてほしい。

五穀の実らぬ里やある

「信濃の国」3番には、県民の稼ぎはなかなか豊かだぞ！　と歌い、米、麦、ヒエ、豆、粟はどこだってよく実るんだ！　と書かれている。「五穀の実らぬ里やある」と誇った、信州の食、農産品をここで紹介しよう。

信州味噌

そもそも、なぜ信州味噌が全国にブランド化され有

タケヤみそ

名になったのか。

そのきっかけは、1923年の関東大震災だという。

是非とも、諏訪市湖岸通りにある「タケヤみそ」を訪れてほしい。

タケヤ味噌会館では、味噌の歴史が学べる。カフェでは、「ごまみそソフトクリーム」や「味噌屋の作った豚汁」などが提供されている。

ここでの工場見学で教えてもらった話。

関東大震災により、多くの関東の味噌業者も大打撃を受け、日本人の食に欠かせなかった味噌が不足して問題になったという。

信州味噌を救援物資として送ることになったのだけど、これがまた大量に迅速に送ることができたのだった。

なぜか？　それは、シルクで栄えた諏訪地域と東京の間には、そのシルクの輸送のためにいち早く中央本線が通っていたからだった。同様に、信州味噌のもうひとつの産地である上田地域からも信越本線が通っている。

当時の都会の味噌は短期間で仕上げる「速醸《そくじょう》」という作り方。でも、信州味噌は「天然醸造」で、都会の人は初めて口にした時、「なんて風味豊かなんだ！」と絶賛したらしい。この評判が瞬く間に広がって、現在もなお、他県の味噌の追随を許さない独走態勢で、全国で一番使われている味噌なのだ。

「国の命を繋ぐなり」と歌詞にあるとおり、信州味噌もまさしく国を救ったんだ。

ワイン

信州のブランドといえば、近年新たに力を入れているのがワインだろう。長野県では、江戸時代からぶどう栽培が行われていた。明治に入って本格化したぶどう栽培だが、今、温暖化によって信州の自然環境がワイン用ぶどう栽培にますます適してきたこともあり、県は「信州ワインバレー構想」を謳っている。まさに県全体のワインバレー化計画なんだ。

松本、安曇野、大町、池田を含む「日本アルプスワインバレー」。

伊那、宮田、松川町を含む「天竜川ワインバレー」。

最も広範囲になるのが、小諸、東御、須坂、青木村、飯綱町、上田、坂城町、高山村、長野市を含む「千曲川ワインバレー」。

千曲川ワインバレーは、現在多くの新しいワイナリーが誕生している最も熱い地域で、ヴィラデストワイナリーの玉村豊男氏によるワインアカデミーでは、多くの若者

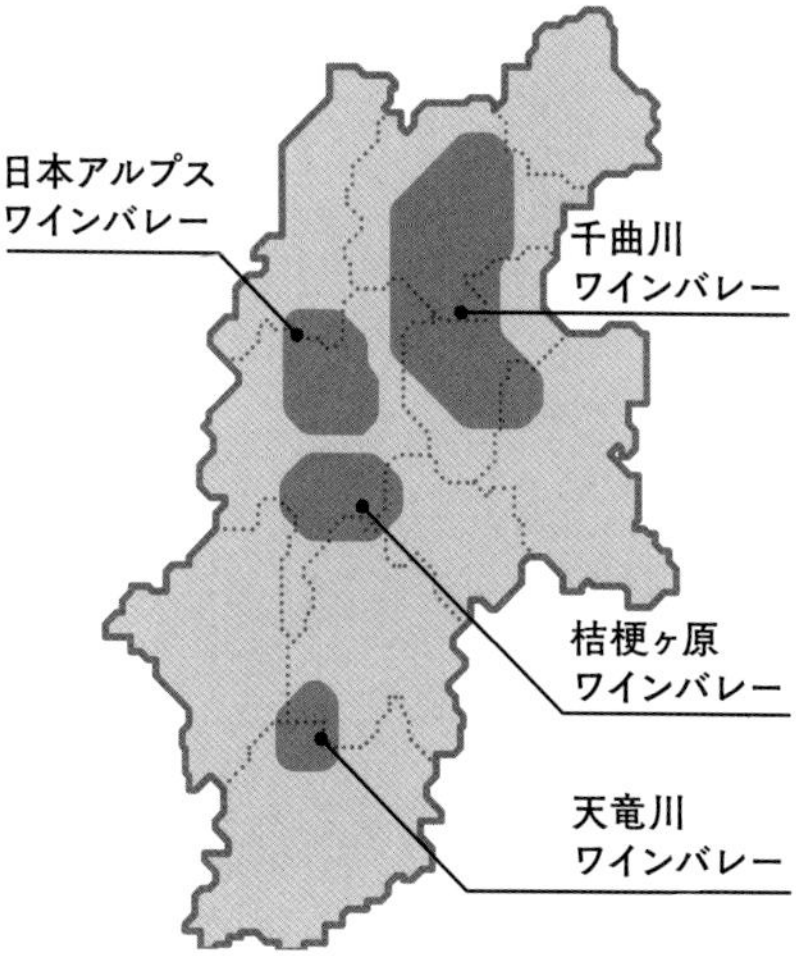

たちがワイン醸造家になるべく学んでいる。

　さて、そんな中でも最も歴史あるワインバレーが「桔梗ヶ原ワインバレー」だ。

　国道19号が真ん中に走るこの地は、奈良井川が運んだ礫が堆積した上に、乗鞍岳の噴火による火山灰が積もった扇状地だ。近くには平出遺跡があり、古の時代から人間の営みがあったのに、桔梗ケ原は水資源のない酸性土壌であったために井戸すら掘れず、江戸時代までは誰も住みつかないほどの不毛の荒地だった。

　桔梗ケ原という名前の由来としては、『万葉集』にも「須我の荒野」として登場するこの地に、経典を携えて京から善光寺に向かった僧侶が差し掛かった時、ともに連れていた牛があまりの砂嵐にやられて倒れてしまい、「帰京をせざるを得なくなった」ので、「帰京の原」と呼ばれたという説がある。

　明治になってすぐ、田中勘次郎が井戸を掘るも失敗し、藤原義右衛門がようやく井戸を掘り当てる。そしてそこに、1890年、初めてぶどうを植えたのが豊島理喜治《とよしまりきじ》[★1]という人物だ。

　その功績は、塩尻市営総合運動場の隅に建っている「豊島理喜治の碑」に残っている。ちょっと塩尻市の職員に物申したいのは、この石碑を探しに行くと誰も気づかないほどの隅っこに建っていてさみしくなるので、もう少し、この桔梗ケ原のぶどうの開拓者を知ってもらえるように、目立つ感じにして欲しいなあ、ということ。

　毎年5月にはこの歴史ある桔梗ケ原の名だたる名ワイナリーを、ワイングラスを持って巡る「塩尻ワイナリーフェスタ」が開催される。ネット上で予約開始した途端にチケットが売り切れる大盛況っぷりだ。

また、五一わいん、信濃ワイン、井筒ワインなど、歴史ある多くの老舗ワイナリーが群雄割拠するこの地には、日本で唯一、高校自体がワイナリーとして国から認められている学校がある。塩尻志学館高校だ。そのワイン造りのきっかけは、太平洋戦争にある。当時の日本軍は、軍艦に魚雷を探知するソナーがなかった。そこで、ワインを醸造するときに生成される酒石酸《しゅせきさん》という「おり」を採って、ロッシェル塩という化合物を作れば、圧力を加えると電圧が発生する性質を持ち、潜水艦や魚雷探知用のソナーができることをドイツ軍に教わった。全国のぶどう農家にワインを造らせ、酒石酸を供出することを求めた軍は、当時、東筑摩農学校だったこの志学館高校にもワインを造らせたんだ。川が運んだ礫の上に火山灰が堆積した桔梗ケ原は、水はけがよい酸性の土壌になっていたため、とても強い酒石酸が取れると知られていた。

1943年から続くこの高校生たちのワイン造りは、令和の時代になっても絶えることのない伝統となり、2006年に醸した「メルロー樽熟」が、日本のワインコンクールで、史上初めて高校生が出品したワインとなり、さらに銅賞を獲ってしまうほどになった。

高校生たちが醸すワインは、学園祭などで行列ができるほどの人気で、あっという間に売り切れてしまうので、一般の人にはなかなか手に入らないプラチナワインだ。

桔梗ケ原のワイナリー巡りをするときには、ぜひ、この塩尻志学館高校のことも心に留めておいて欲しい。桔梗ケ原にとって、ワインとは平和的レガシーなのだと、僕は塩尻志学館高校のワイン造りがテーマの小説『ワインガールズ』でも描いている。

この先も、平和を希求するメッセージを持った高校生たちのワインとして、頑張って造り続けて欲しいと願っている。

ちょっと寄り道

さて、塩尻、桔梗ケ原を訪れたならば、ワインばかりではなく、この塩尻が発祥の郷土料理的名物を食べて帰らなければならないだろう。

日本人が大好きな唐揚げ。しかし、この地域では唐揚げといえばもっぱら「山賊焼」なのである。鳥もも肉を一枚、すりおろしニンニクや玉ねぎが効いた醤油タレに漬け込んで、片栗粉をまぶして一気に揚げる。焼いてないじゃん！　揚げてんじゃん！　って、初めて食べる県外の人はほぼツッコミを入れる。

信州のあちらこちらで食せるようになった山賊焼だが、その発祥こそが塩尻の居酒屋「山賊」だと言われている。店の横には「元祖山賊焼」という石碑が立っている。前身だった「松本食堂」の店主の祖父母が、第二次世界大戦頃に考案したという伝説がある。ここの山賊焼は、もう一言で言って豪快！

超新鮮でとろける馬刺しも頼むのがツウの客の嗜みだが、とにかく一人で一枚の山賊焼を平らげたら、それだけで相当腹がいっぱいになる。中学生か高校生の柔道部員がいると頼もしいくらい。だが、味は間違いない！本当にジューシーでおいしいのだ。

しかし、山賊焼は塩尻市のものかと思いきや、実は、松本市の食堂「河昌」こそが元祖だという対抗説が存在する。この食堂が、「鳥を揚げる」という言葉から、「取り上げる」という言葉を連想して、人様から物を取り上げるのは「山賊だ」という語呂合わせで、この料理を「山賊焼」と命名したという説も存在しているんだ。塩尻市には「しおじり山賊焼の会」があり、松本市には「松本山賊焼応援団」が存在する。

このことが、「山賊焼の元祖は、塩尻か？　松本か？」論争を引き起こした。僕は、「おい、三四六！　お前はどっちの味方なんだ？」って責められるのが嫌で、これは困った話だから、この本の中では取り上げずにスルーしようと思ったんだけど（汗）、2010年に両市と松本大学により「山賊焼を考える会」ができ、毎年3月8日は塩尻市で、翌日9日は松本市で「山賊焼の日」をそれぞれ譲り合って制定し、お祭りやイベントを行っているので「僕は、どっちも好きです！」と言っておきます（笑）。

りんご

また、信州は、言わずと知れたりんごの産地である。

ワインと同じように、海外の国々では伝統的によく飲まれているシードルというお酒が、近年の信州で盛り上がりを見せている。

ワイナリーが信州中に拡散されているように、最近ではこのシードルを醸すワイナリーやファームが立て続けに誕生している。

およそ40にも及ぼうかというシードル醸造所があるが、是非とも訪れて欲しい場所がある。それは、なんと廃校を蘇らせたシードル醸造所だ。

数年前、飯綱町で開催された「廃校を使ったビジネス」のアイディアコンペ「いいづな事業チャレンジ」という大会で、僕は司会をさせていただいた。町内で少子化が進み、閉校せざるを得なくなった2つの学校を使って、何か面白い事業を考える人や団体に、町が協力しようじゃないか！というような試みだった。

そのコンペで、最高賞を獲得したアイディアが「廃校でシードルを醸す」だった。飯綱町は温暖化が進んだいまも、標高が高く寒暖差があり、太陽が燦々と降り注ぎ、りんご栽培に最適な環境を持つ。その町における最大の名産品であるりんごを使って、少子化と過疎化を防ぐ町おこしの一環として、廃校で新たな産業を興《おこ》すというのだ。これは、全国創業スクール選手権・経済産業大臣賞も受賞している素晴らしい試みだ。

審査委員長だった久世良三さんは、あの「サンクゼール」や「久世福商店」の創業者であり会長さんだ。サンクゼールワイナリーは飯綱町の丘の上にあって素晴らしい景観をなしているので絶対に訪れてほしい場所の一つだ。ワインやジャムの他にもちろんシードルも醸造販売しているが、そのシードルが日本トップクラスの評価を毎年受けている。そんな経営者である久世会長が、一見すれば競合しそうな新進気鋭のシードル醸造所のアイディアに対して最高賞を授与したのだから、僕は改めてサンクゼールという会社組織の目指す大きな志に大変感銘を受けた。

飯綱町は、必ずもっと魅力的な町になっていくだろう。

最高賞を得た、その名も「林檎学校醸造所」というこの醸造所では、なんと飯綱町立三水第二小学校の廃校舎の職員室を使って、りんごのお酒が造られている。カフェも併設されていて、とてもおしゃれだから是非とも訪れてみてほしい。

桑とりて　蚕飼いの業の打ちひらけ

「信濃の国」には穀物の実りを称える歌詞があり、それに続いて、そればっかりじゃないよ！　桑の葉を育てて、それを餌にしてお蚕さんを飼って、繭を作らせて生糸にするんだ！　と歌っている。

さらに、それって細々とした生活に見えるけれど、国のためには決して軽くはない産業なんだよ！　と3番は締められる。

そこで、あまりにも儲かってしまっていた信州の製糸業について取り上げたい。

一気に繭を購入する必要が出てきて、銀行が乱立したほどに儲かった。今井五介という偉人の尽力によって、日本銀行の支店が、松本城のお堀脇にあるのはそのためなんだよね。

世界一の品質と言われていた日本のシルク。間違いなくその中心的存在だったのは信州だった。

例えば、蔵の街・須坂市は、信州製糸業界の結社「東行社」が初めてできた町で、「蔵」とは、酒蔵ではなく生糸を干して保存した蔵のことである。

須坂市の特徴である長い坂は、山からの水を流して水車を回し機械の動力を生ませるのに適していたため、製糸工場が多くあった。しかし、1929年のニューヨーク市場株価大暴落で、信州生糸業界はその煽りをもろに受けてしまった。

須坂市の桜の名所である臥竜《がりゅう》公園には、その当時、失業してしまった市民を救うための公共事業が設けられた。土木作業員として失業者を雇い、穴を掘り池を作り、桜を植えた。

今では、須坂市民の憩いの場として欠かすことのできない公園となり、春には満開の桜を愛でに県内外から多くの観光客が訪れるけど、この公園が、信州の製糸業の隆盛

SHINSYU DEEP TOUR CHAPTER 03

と衰退、その後の公共事業に関わるものであったことは、あまり知られていない。

　しかし、世界大恐慌までは、信州のシルクは間違いなく、世界、特にアメリカを席巻していたんだ。

　横浜の山下公園に停泊して観光名所となっている氷川丸《ひかわまる》の船底へ特別に入らせていただいたことがある。船底の先端部分に、ボロボロになった木製の部屋が残っている。消えかかった表札のような字を凝視すると、「ｓｉｌｋ ｒｏｏｍ」と読み取れた。

　信州のあちらこちらで女工さん達の苦労の末に出来上がったシルクは、あの嘉納《かのう》治五郎《じごろう》が船上で最期を遂げた氷川丸に乗って、大事にされながら太平洋を渡ったんだね。ちなみに、この氷川丸で日米を往復する料金は、当時の貨幣価値で、住宅一軒を購入するほどの値段だったという。

　横浜港にある赤レンガ倉庫。★2 今でこそおしゃれなカフェがあり、名だたるアーティスト達のライブなどが行われる観光スポットになっているけれど、この倉庫も当時は信州からアメリカへ運ばれる前の生糸が保管されていたんだよ。

　さて、シルクの街といえば、岡谷市。岡谷蚕糸博物館（シルクファクトおかや）に行こう。群馬の富岡製糸場★3もいいけど、そこに行くならまずこっちが先だ。シルクの話は岡谷なくして語れない。

　信州が製糸業日本一になったきっかけが、「諏訪式」という機械製糸が普及したからら。1882年に、諏訪郡平野村（現・岡谷市）にあった中山社が開発したもの。

氷川丸 ©長野朝日放送

silk roomの表札 ©長野朝日放送

岡谷蚕糸博物館

また、1878年に創業されたのが、あの片倉組だ。のちに片倉財閥として名を馳せ、地域にその財を還元した。

1928年に2代目社長である片倉兼太郎が創業50年を記念して建てた「片倉館」に行こう。諏訪湖畔に建っている天然温泉施設だ。

国指定の重要文化財となっているその風貌は、いつ行ってもノスタルジーを覚える。ステンドグラスから溢れるカラフルな優しい日差しの中で、名物「千人風呂」という大きな浴槽に浸かる。水深が1・1メートルもあるので座れない（笑）。立ったまま、千人が一緒に入れるぞ！　っていうシャレなのかな。

僕の「勲章」という歌のミュージックビデオで、このお風呂をロケ地として使わせてもらった。さらに、以前ここの大座敷（休憩所）から、僕のラジオ番組の公開生放送をさせていただいたことがある。それ以来、一人で入りに来ることもしばしば。

ここは、2014年に公開された映画「テルマエ・ロマエⅡ」にも登場したお風呂だから、主役のルシウスを演じた阿部寛さん気分になれるよ。

ちょっと寄り道

臥竜公園の近くにある酒蔵「遠藤酒造場」も、当時は製糸業社だった。酒造はセカンドビジネスだったわけで、製糸業が傾き始めた時に思い切って舵を切ったという。

今では春と秋に蔵開きを催し、須坂市民にとっての大きなお祭りにまでなっている。

臥竜公園に行ったら、遠藤酒造場の酒蔵見学もしてみよう！シュワシュワしたお酒「どむろく」がお土産に最適だ。

映画「テルマエ・ロマエⅡ」には、信州でのロケ地が他にもある。

松本市にある「ラーラ松本」は、松本クリーンセンターのゴミ処理余熱を利用した温浴施設で、流れるプールなどもある大型の室内プールレジャー施設だ。ここの名物はクネクネしたスライダーで、映画の中で阿部寛さんが古代ローマから現代にタイムスリップするシーンで頻繁に出てくるから、「あっあれか」と思い浮かぶ人も多いのでは？

実はここだけの話、僕の2人の子供がまだ幼かった頃、夏休みに信州へ家族旅行で来た時、突然プールに入りたいと言い出して困った僕は、ネットで調べてこの「ラーラ松本」を知り、かみさんと子供を連れてやって来たことがある。

クネクネスライダーは時間を区切って滑らせてくれるので、次の時間が来るまで流れるプールで遊んでいたのだが、それはそれはお客様たちからジロジロ見られて「流れてるあれって、まさか三四六？」って笑われた。

この時、妻から「あなた、なんでこんなに有名なの？ 恥ずかしいんですけど」と、言われたが、あなたも十分に「あれって、網浜直子じゃない？なんでここにいるの？」って言われてましたよ（汗）。

まあ、とにかくこんな楽しいプールが松本にあったんだ！ と、家族の良い思い出になっているから、映画で出て来た時には大はしゃぎしてしまった。

製糸業で言えば、「蚕都」と言われ、製糸により隆盛をきわめた上田市を忘れてはいけない。

旧平谷村（岡谷市）出身の笠原房吉は、開通したばかりの信越線上田駅周辺に1900年、常田館製糸場を創業した。

当時の製糸工場は、医療施設から映画館に至るまで、そこで生活の営みがほぼ完結できるほど、ひとつの街のような工場施設となっているところもあった。

かつては、ここ常田館製糸場も講堂、病院、劇場が存在していたらしいが今は失われてしまっている。でも、国内最高層の木造5階建て繭倉庫や、大正時代末期の鉄筋コンクリート5階建て倉庫群などは、学術的にも当時の歴史を知る上で重要な文化財となっているんだ。現在は、笠原工業が管理・運営していて見学もできる。

上田といえば信州大学繊維学部だろうか。その前身は、上田蚕糸専門学校だ。

ここに建っている講堂は1929年の竣工で、入り口の天井の換気口に繭と蛾、ステージの柱には桑、アーチの縁飾りには蛾と桑、演台にも蛾と繭があしらわれているという徹底ぶり。開校時に繭を貯蔵するために建てられた倉庫は、現在は資料館としての機能を持っている。映画「ゼロの焦点」「ラストゲーム 最後の早慶戦」などのロケ地としても有名で、もちろん国の登録有形文化財だ。

1960年以降、各大学の繊維学部が消えていく中、国内唯一の国立大学繊維学部としてその名を守ったんだ。

世界の繊維系大学の中で、繊維に関する学術論文の多さは世界一という。

さて、製糸業が盛んだった時代、春先に一斉に孵化してしまうことを抑制するためには、蚕種を冷蔵保存しておく必要があったが、もちろん冷蔵庫などあるはずもない。だから、信州の養蚕で栄えていた地域のあちらこちらには「風穴《ふうけつ》」という施設があった。あなたが暮らしている町にも、風穴はあるかもしれない。

例えば、上田市の別所温泉森林公園に向かう途中にある三島神社。その近くに「氷沢《ひざわ》の風穴《ふうけつ》」がある。3・6メートルまで掘り下げられた穴は、石が積み上げられた壁でしっかりしていて、真夏の30度を超える日でもこの中はなんと5度！

不思議なもので、積み上がった石垣の間から3度の冷風が出ているんだ。まさしく天然の冷蔵庫だよ。当時、上田塩田平には350軒以上の養蚕業者（種屋）があり、ここはその多くの種屋に使用されていたらしい。

昨今SDGsが訴えられているが、持続可能な冷蔵エネルギーの創出に、このアイディアが使えるのでは、なんて考えてしまう。

ちょっと寄り道

皆さん、「レイライン」をご存知だろうか。

1921年、イギリスの考古学者アルフレッド・ワトキンスによって提唱されたのが「レイライン」という概念。「古代遺跡には、直線的に列《なら》ぶように建設されたものがある」という説だ。

日本には有名なレイラインがある。

出雲の日御碕《ひのみさき》神社と千葉県の玉前《たまさき》神社が結ばれているというものだ。朝日が美しい玉前神社。夕日が美しい日御碕神社。この2社を直線で結ぶと、なんと！　富士山、七面山、金華山、伊吹山、琵琶湖竹生島、大山というその地域の人々にとっての聖地的な存在の上を通るというのだ。

学術的には様々に懐疑的な論文もあって、スピリチュアルな域を超えないのかもしれないけど、単純に楽しんじゃえばいいと思う。

信州にもレイラインがある。夏至の日の朝、烏帽子岳頂上から朝日が昇ると、生島足島《いくしまたるしま》神社の鳥居の真ん中を光が通っていく。その

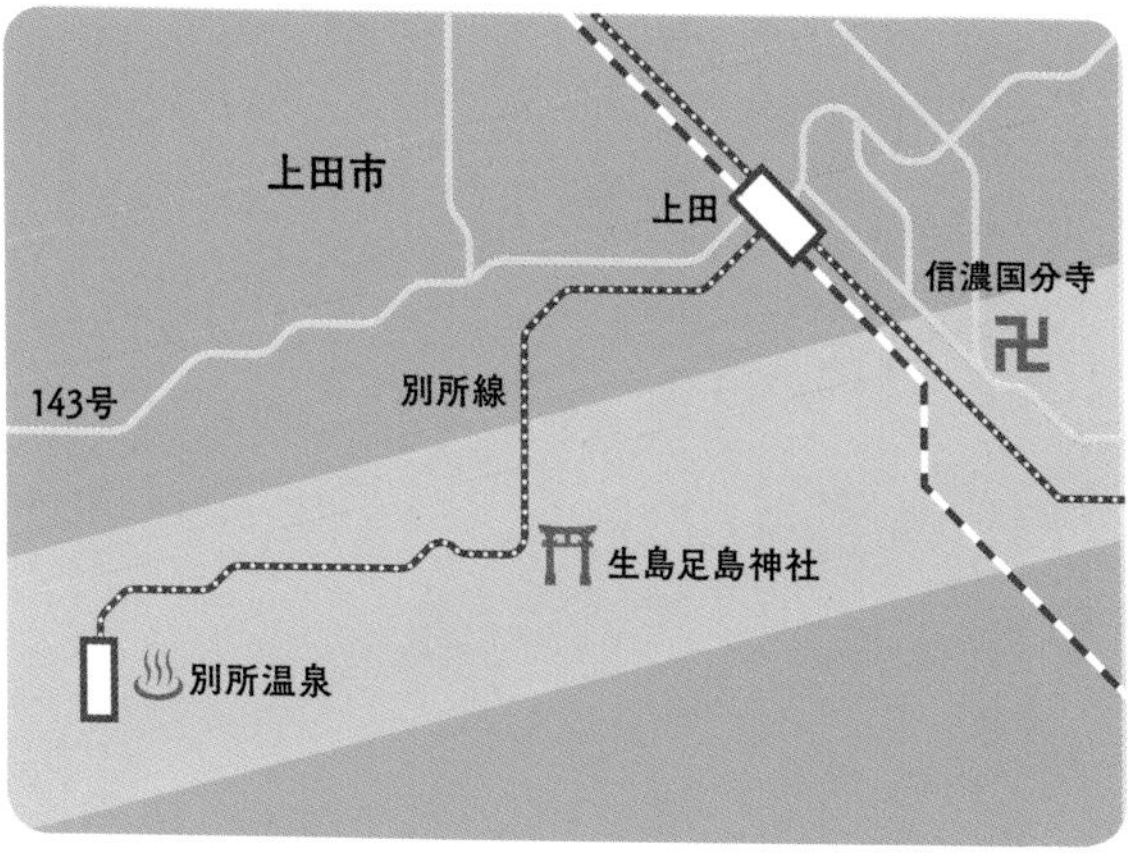

光が、信濃国分寺〜生島足島神社〜泥宮神社〜別所温泉と、一直線に繋がっているという。また、冬至の日には、反対側の鳥居の真ん中を夕日が沈んでいくのだそうだ。

この現象は、「レイラインがつなぐ『太陽と大地の聖地』〜龍と生きるまち　信州上田・塩田平」として、日本遺産に認定されている。

僕は、しばらく長野大学の客員教授をさせていただいているけど、キャンパスからもしっかりと存在が確かめられる。

塩田平の静かな田園風景の中に、ひときわ異彩を放っている生島足島神社の真っ赤で大きな鳥居。その真下にある看板には「国土の大神」と「日本の中央」と大きく書いてある。

この神社には、生島大神と足島大神が祀られていて、ご神体は大地だという。

生島大神は万物に無限な育成と発展をさせ、足島大神は万物を充実満足させ給う神という。御本殿は、池に囲まれた島のような場所に建ち、奥には内殿があるけれど、でもそこには床板がない！　土間のようにむき出しになっている。

つまりはその大地が、ご神体ということなんだね。

すごいことに武田信玄の戦勝願状と社領安堵状、それに、真田昌幸をはじめとする朱印状や願文が11状、部下の武将たちの書いた起請文83通などの古文書が保管されているらしい。もちろん、国の重要文化財だ。

さて、せっかくだから、別所温泉にも行ってみよう。

信州最古の温泉と言われる別所温泉。日本武尊がこの地に7箇所の温泉を見つけ、「七苦離の湯」と名付けたという。だから別名「七久里の湯」とも呼ばれる。

安楽寺、常楽寺、そして善光寺に向かって北を向いている「北向観音」があり、塩田流北条氏にゆかりがあることから、「信州の鎌倉」という異名も持つ。北向観音では、節分のときに豆を撒かせていただいたこともある。こちらにもお参りしないと、善光寺だけでは片参りだと言われるそうだ。

安楽寺の八角三重塔は国宝である。安楽寺は、鎌倉の「けんちん汁」発祥の寺としても有名な建長寺と並んで、日本最古の臨済禅宗寺院の一つ。そこに静かに建つ八角三重塔は、木造の八角塔としては日本唯一。鎌倉時代に中国からやって来た禅宗様を忠実に守って建てられたということだそうだ。

見上げると、不思議と鎌倉時代にタイムスリップするような感覚を覚え、言葉を失いただただ静かな時間が流れる。

木曽義仲ゆかりの「大湯」、円仁ゆかりの「大師湯」、真田幸村ゆかりの「石湯」は、

別所温泉

安楽寺

共同浴場として日帰りで気軽に楽しむことができる。

別所温泉では「南條旅館」に寄ってみた。2019年にリニューアルしたという館内は、洒落たコワーキングができるリビングにジャズが流れている。僕がお邪魔した時は、店主が気を使って僕のライブ映像をスクリーンに投影してくれていた。

天皇陛下がまだ皇太子の頃、大学の卒業旅行にここを選ばれ、宿泊しに来られた際の写真も見せていただいた。湯元であるから、24時間コンコンと湧き出るお湯は掛け流しで、なかなか隠れ家的な宿ではないか！

ちなみにこの別所温泉から車で10分のところに、旧西塩田小学校の校舎を利用したとっても風情がある「さくら国際高校」があって、僕はこの高校の校歌も書いているんだ。木造の南校舎は、様々な撮影にも利用される文化財級の建物なんだよ。

★1 豊島理喜治は、ほとんど原野だった1ヘクタールの土地に、コンコード、ジンファンデルなどの26品種、約3千本の苗を植え、さらに、ワイン造りのための会社を設立し、ワイン醸造を開始したのだ。豊島がぶどう栽培を始めた際に、栽培の指導をおこなったのが、後に「日本ワインの父」と呼ばれた川上善兵衛《かわかみぜんべえ》だ。その川上に影響を受けたのが、五一わいんの創業者・林《はやし》五一《ごいち》であり、と歴史は続いていった。

★2 国の保税倉庫として、1911年にまずは2号倉庫が先に竣工し、遅れること2年、1号倉庫も建設される。日本最初の荷物用エレベーターやスプリンクラー、防火扉などを備えた、当時の最新鋭の倉庫であった。1989年に倉庫としての用途を終えた。

★3 政府の主導で、西洋式の器械と技術を取り入れ、1872年に操業を開始した官営模範器械製糸場。2014年に世界遺産に登録。

第4章

「信濃の国」4番をディープに旅する

SHINSYU DEEP TOUR CHAPTER 04

尋ねまほしき園原や
旅のやどりの寝覚の床
木曽の桟かけしせも
心してゆけ久米路橋

くる人多き筑摩の湯
月の名にたつ姨捨山
しるき名所と風雅士が
詩歌に詠てぞ伝えたる

さあ、県歌「信濃の国」はいよいよ後半戦に突入する！

４番はまさしく、信州の観光スポット、名所旧跡を紹介しているパートと言っていい。

「園原《そのはら》には、是非とも訪れてみたいもんだなあ。

寝覚《ねざめ》の床《とこ》では、宿を取ろうかなあ。

旅路の最難関地点だった木曽の桟《かけはし》をかけていた時代もあったけど、他に久米路《くめじ》橋だって気をつけて旅をしようね。

筑摩の温泉は大人気だし、名月で有名な姨捨《おばすて》山だっていいよね。

このように、広く知られている名所を、風流な歌人や詩人が、詩歌にして、後世まで伝えてくれているんだ」

という内容が４番の歌詞だ。

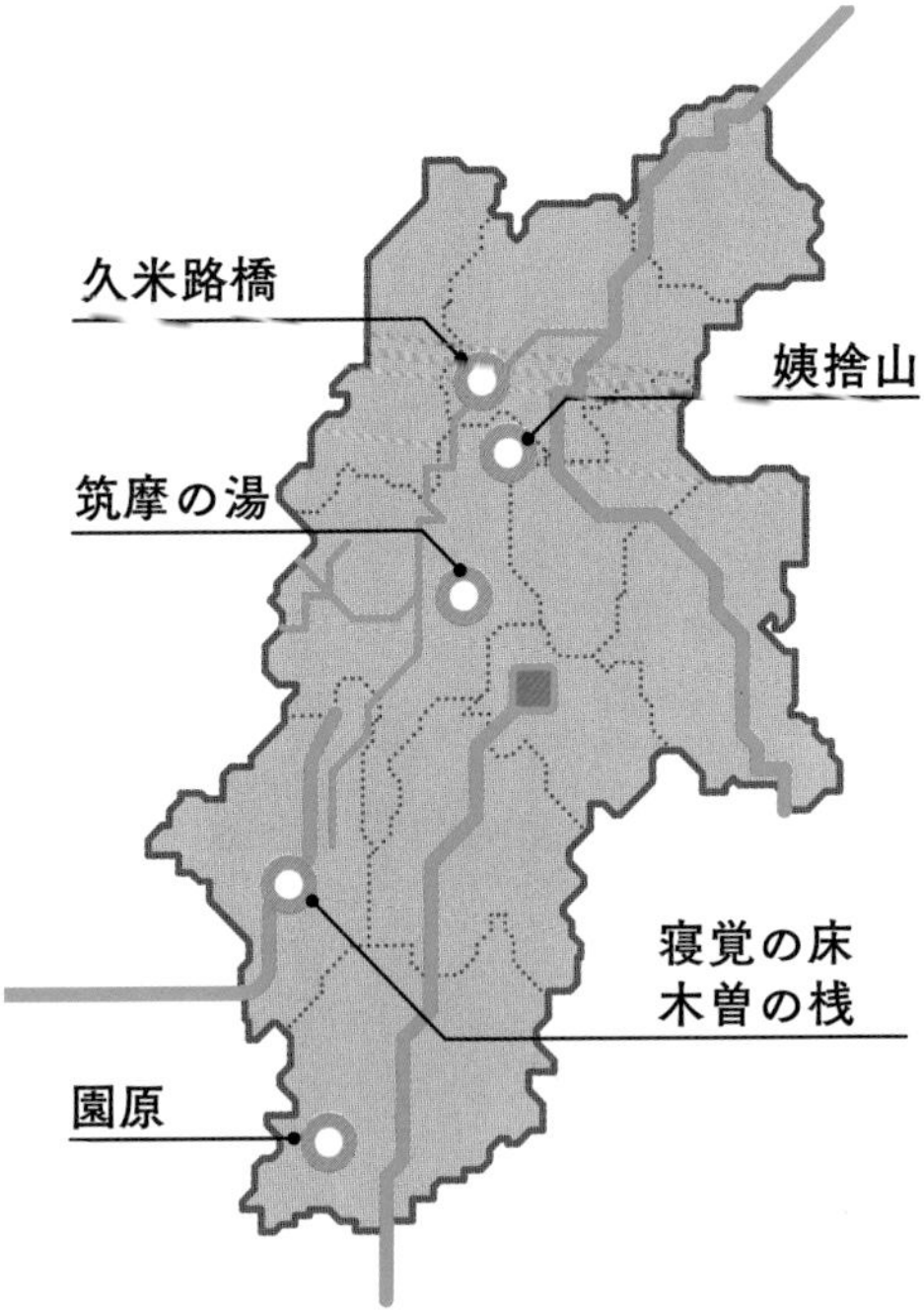

尋ねまほしき園原や

さて、では是非とも訪ねてみたい園原とはどこだろう。

ズバリ、それは阿智《あち》村にある。

かつての東山道で、美濃国から御坂峠（神坂峠）を越えて信濃国に入った所。

東山道って、今は知らない人が多いね。中山道の間違いじゃないの？って。

中山道は江戸時代に入ってからの道。東山道は、平城京へ遷都された奈良時代より前からあり、国が通した官道と言われる道だ。都の朝廷から東へ向かう山の道のことを指す。簡単に言えば、東へ向かう海沿いの道を意味する東海道の内陸版ということ。

東山道と中山道の一番の違いは、東山道が木曽を通っていないこと。奈良・平安時代の昔は木曽川が荒れるとどうしようもなかったから避けたとされている。

さて、都から東国に向かう途中の最大の難所と言われ、ここを乗り越えた時の安堵感とその美しい景色が、多くの旅人や歌人に勇気と感動を与えたことから、この園原は和歌の歌枕としても多く登場している。

清少納言の『枕草子』にも、風情がある原のひとつに挙げられているほど、その昔から美しい名所だった。

現在は、岐阜県との県境に中央自動車道の恵那山トンネルが通っていて、トンネルの長野県側出口が「園原」である。

この峠からは、祭祀遺跡が発掘されており、祭祀用の勾玉や陶馬などが出土している。伝説では、日本武尊がこの峠を越える時に、坂の神が白い鹿の姿で現れたので、蒜《ひる》を振って目に当てて殺し、無事に越えることができたらしい。蒜とは、ネギ、ニンニク、ノビルなどの古称のこと。

以来、ここを通る者たちは皆、蒜を噛んで越えていくようになったことから、「蒜を噛む」で、「ヒル噛み」となり、それが一説には阿智村付近の「昼神《ひるがみ》」の地名の由来だという。また、阿智神社に祀られている天思兼命《あめのおもいかねのみこと》は、天照大神《あまてらすおおみかみ》を天岩戸から出すためにはたらき、再び昼に明るさを取り戻させたという言い伝えから昼神の名がついたとも言われている。

まず神坂神社を訪れることにする。

園原の最も奥まった場所に鎮座する神坂神社。

表筒男命《うわつつおのみこと》、中筒男命《なかつつおのみこと》、底筒男命《そこつつおのみこと》という三海神を主神としている。こんな山中に航海の神が祀られているのは不思議なのだが、それは、あの「安曇族」が西から信濃国に入って来た時の遺跡なのではないかという説もあるらしい。こんなところにも安曇族！　恐ろしや素晴らしや！

境内には樹齢2千年を超える日本杉《やまとすぎ》がデンっとした風貌で見下ろし、日本武尊が腰を下ろしたという大石、この場所を詠んだ旅の歌人たちの歌碑なども建っている。

ちょっと寄り道

この園原でおすすめのグルメを紹介するね。

昼神うどんだ！

蒜にちなんで、にんにくをたっぷり使い、激ウマで知られるブランド豚の千代幻豚とネギを醤油だれで食べるうどんだ。

昼神温泉郷にポツンとあるうどん屋「玉のゆ」で味わうことができる。

このうどんでスタミナをつけて、園原散策を楽しもう。

次に、園原といえば「帚木《ははきぎ》」は絶対に訪ねたい場所だろう。
数千年前から立っていた大きなヒノキ。この木は、遠くからでも見えるほど群を抜いて大きかった。根元の周囲は6メートル。高さ4メートルのところからてっぺんまで、箒《ほうき》のように枝葉が広がっている。そのため、最大の難所である御坂峠を無事に乗り越え、まず目に飛び込んでくるこの木は、園原へたどり着けたという安堵感から多くの歌に詠まれてきた。
「その原や　伏屋に生ふる　ははき木の　ありとはみえて　あはぬ君かな」（『新古今和歌集』巻11恋歌1　997　坂上是則）
これが、園原を詠んだ最古の歌だという。

帚木

神坂神社

　この歌は、遠くからは確かに帚木が見えるのに、近づいてみると見えなくなってしまう、と恋人に会えない恋心を重ねて歌ったものだ。

　紫式部の『源氏物語』では、この歌を踏まえ、光源氏が詠んでいる。

「帚木の　心を知らで　園原の　道

昼神うどん

暮白の滝

にあやなく　惑いぬるかな」
現代文に訳してみると、「帚木のように、近寄れば消えてしまうあなたの、その気持ちも知らないでいたずらにあなたに近付こうとした私は、園原の道に迷ってしまいました」という感じだろうか。
残念なことに、この帚木は大正時代に半分が折れて、１９５８年に残りの幹も台風によってほぼ失われた。しかし、その根元部分は残っていて、まだ拝むことができる。
東山道・園原ビジターセンター「は、き木館」のスタッフに場所を聞いて、早速向かうことにした。神坂神社から園原の里へ降りる途中の峠道に、その看板は立っている。「古文学・伝説　ははき木（帚木）」とある。なんとか人の手が加えられた細い一本道があって、何度も蜘蛛の巣を払いながら斜面を懸命に登っていく。平安の頃は命がけで峠を越えた人々の安堵のシンボルだったのに、今や蜘蛛の巣が行く手を阻むほど来る人がいないのだ。

感傷にふけりながら登ること10分。距離にしておよそ160メートルほど。その姿が突如として目の前に現れた時、そのまばゆいオーラに僕は思わず感嘆の声をあげた。およそ6メートルあるという根の部分は、どっしりとまだ土を掴んで離さずにいる。

園原は今や「ヘブンスそのはら」など星が綺麗に見えるスポットとして若者たちにも人気の観光地だ。それもいいけれど、綺麗な星を見上げに行く前に、いや、後でもいい。この帚木に触れに来てほしいと強く思う。そして悠久の月日を感じてほしい。

夕暮れ時には、もうひとつ、おすすめスポットがある。

旅人が日暮れになってしまった時に、ふと見た滝が白く輝いていたことから、「暮白《くれしろ》の滝」と呼ばれている滝だ。ビジターセンターで白い皿を100円で買い、願い事を書く。それを持ってこの滝見台まで行き、そこから滝へ投げ入れる。

僕は「信州を元気に！」と書き、目一杯の力を込めて投げたけど、届かなかった（笑）。いや、絶対に届かない距離なんだよ。ずるいよ、これ！

さらに、春は、源義経が馬（駒）を繋いだという「駒つなぎの桜」を観に来るのも良いよ。

旅のやどりの寝覚の床

さて次は、「寝覚の床」だ。

ＪＲ中央本線で中津川方面から松本へ向かう途中に、車窓からも拝むことができる木曽川の名勝。花崗岩が長い時間をかけ激流によって浸食され、今の姿となった。

ここには、「浦島太郎伝説」が残っている。

浦島太郎が竜宮城から帰って来たら、故郷は一変していた。

あちらこちらを旅して、寝覚の床が気に入って釣りなんかを楽しみながら住み着いた。ある日のこと、村人に昔話をしていたら「玉手箱」のことを思い出し、蓋を開けるや否やおじいさんになってしまったという話だ。おじいさんになってしまった途端、今までのことは全て夢だった、と目が覚めた場所がここだという。

浦島太郎が祀られている「浦島堂」まで歩いていくこともできる。

今の木曽川はダム開発などによって流量が減ったため、本当に昔は岩を削るほどの激流だったのかと疑うほど静かだ。岩と岩との間が結構空いていて、僕の友人は幼少の頃に落っこちたらしい。しっかりと足場を確かめながら、慌てず騒がずに歩を進める。途中で岩に寝っ転がり、浦島太郎の昼寝気分なんかを味わえる。やっとの思いで浦島堂にたどり着く。近くの「臨川寺宝物館」では、彼の釣竿が展示されているけれど、信じる

SHINSYU DEEP TOUR CHAPTER 04

寝覚の床

浦島堂

か信じないかはあなた次第だ。

ちょっと寄り道

国道19号線沿いに、道の駅「ねざめ亭」がある。ここでは、木曽町出身の俳優・田中要次さんのそっくり人形がレジに立っていて、決めゼリフの

「あるよ！」ではなく、「ちゃんと金払っていけよ」みたいに睨みをきかせている。

まずは、テラスから眼下に寝覚の床の全貌を確かめる。ここには、女性だけが使用できるトイレ「ＯＴＯＨＩＭＥ」がある。ガラス張りのため、用を足す際、景色が一望できる。寝覚の床を見下ろしながら、便器に腰掛けるのだ。もちろん、外からは何も見えないようになっているのだけど、女性たちはここに座ってどんな感覚なんだろう。気分がいいのかもしれないね。

木曽の桟かけし世も

次に歌われているのが「木曽の桟」。

江戸時代に入り、上松宿から福島宿まで通過する中山道の道は、木曽川沿いで最大の難所と言われた。岩肌が突き出した険しい道だったのだ。

木曽の桟とは、この岩肌に沿うようにして作られた細い道のことで、いわゆる川の対岸に渡る橋ではない。初めは岩肌の間に丸太と板を組み、藤蔓などで縛った桟だったものが、1647年、通行人の松明で焼け落ち、尾張藩が石積みを重ね直して再生したという。

松尾芭蕉が木曽路を北上するときに、ここの桟を歩いて歌を詠んだ。

「桟や　いのちをからむ　蔦かつら」

芭蕉がこの場所を通過した時代は、石積みで再生され比較的安心して通れるようになっていたという説もあるけど、もしかしたら芭蕉は、この桟が昔はけっこうな難所であったことを知っていて、旅情を込めて歌ったのかもしれない。

実際、その昔は危ういものの代名詞として歌枕によく使われていた。

この石積みが見られる場所には、芭蕉ばかりではなく、正岡子規や種田山頭火の句も石碑に刻まれていた。

正岡子規は、1891年に上野を出て松山に帰省する途中、ここを通っている。

「かけはしや　あぶない処に　やまつつじ」

「桟や　水にとどかず　五月雨」

「むかしたれ　雲のゆききのあとつけて　わたしそめけん　木曽のかけはし」

と詠んでいる。

今は穏やかに流れる木曽川には、真っ赤な橋がかけられている。そこから石積みを眺めると、この岩に張り付くようにして越えなきゃならない当時の危険性を思った。実際、共に旅をしてきた馬を落として失う旅人も多かったとか。

SHINSYU DEEP TOUR CHAPTER 04

１９１１年の国鉄中央線工事のために撤去されてしまったが、１９６６年の国道19号改修工事で、史跡として石積みの部分はなんとか残された。とても地味だけど、是非とも訪れてみてほしい。

そしてその上で、木曽路の宿場町を堪能してくれたらなあ、と思う。

国道19号を走ると、塩尻市楢川のあたりで「是より南　木曽路」という標識を見る。江戸時代までは、ここから贄川《にえかわ》、奈良井、薮原、宮ノ越、福島、上松、須原、野尻、三留野《みどの》、妻籠《つまご》、馬籠《まごめ》、と11もの宿場町があったんだ。それぞれ見ていこう。

贄川宿の平沢は、木曽漆器の主な生産地として有名。

奈良井宿は最も人気がある宿場町の一つで、美しい千本格子やくぐり戸を持つ

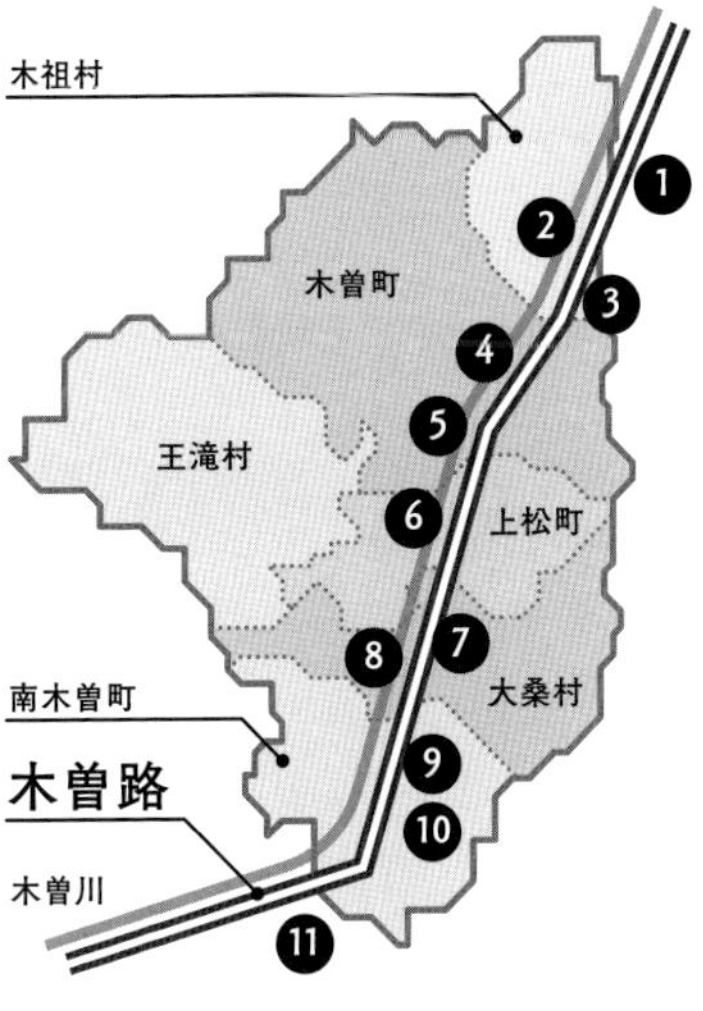

1 贄川宿（にえかわじゅく）
2 奈良井宿（ならいじゅく）
3 薮原宿（やぶはらじゅく）
4 宮ノ越宿（みやのこしじゅく）
5 福島宿（ふくしまじゅく）
6 上松宿（あげまつじゅく）
7 須原宿（すはらじゅく）
8 野尻宿（のじりじゅく）
9 三留野宿（みどのじゅく）
10 妻籠宿（つまごじゅく）
11 馬籠宿（まごめじゅく）

家が綺麗に保存されていて、観光地として復活を遂げた。

藪原宿は、前述したように「お六櫛」の伝説と名産品を持つ。

福島宿は、木曽谷の中心。尾張藩はここに山村代官を置き、木曽谷を支配していたんだ。幕府も重要視していた宿場町で、ここに関所を置いた。

上松宿には、何といっても林業の役割があった。ここには田中要次さんや御嶽海関の母校、木曽青峰高校（2007年、木曽高校と木曽山林高校が統合）があり、100

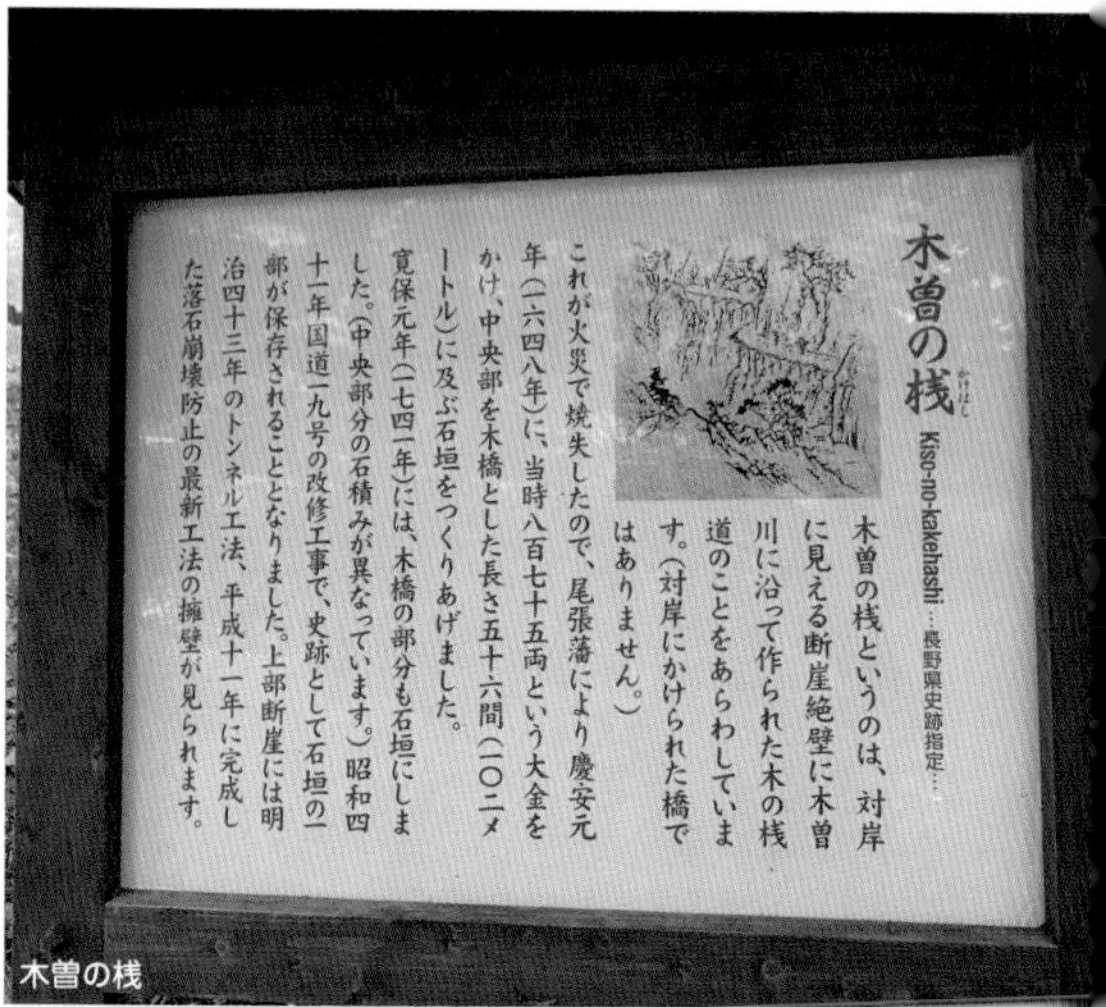

木曽の桟

木曽の桟にのこる石積みの跡

年以上にもわたって高校生たちが守り管理している森がある。高校生が後輩たちに森の育成というタスキを脈々と渡し続けて100年以上って、こんな心を揺さぶる伝統は他県にはなかなかないだろう。僕が訪れた時、制服姿の可愛らしい女子高生が、チェーンソーの使い方を教えてくれた。僕だって難しかったのに、いとも簡単に太い丸太をチェーンソーでぶった切るからね。本当にすごいよ。

須原宿は、大桑村だ。桜漬けが有名な鉄砲町と言われる宿場である。

野尻宿も、大桑村だ。外敵の侵入を拒むために曲がりくねった街並みが特徴的で、「七曲がり」とも呼ばれている。車で行くときは注意が必要だ。そこから20分ほどもドライブすると着く阿寺《あてら》渓谷は、抜群の透明度を誇る阿寺川が流れる。一度は訪れたい名所だ。

三留野宿は、木曽路最南端の南木曽町にある。こぢんまりとして、ひっそりと残されている街道だ。江戸時代後期に4度も大火に見舞われ、多くの歴史的な建物や資料が失われてしまった。

妻籠宿も、南木曽町にある。ここは、住民の手によって古くから景観保存運動がなされた。1965年には電柱まで動かして、1973年には「妻籠宿保存条例」が制定された。街に誇りを持っているからこそ実現した素晴らしい業績だ。

馬籠宿は、長野県旧山口村だったけど、2005年に岐阜県の中津川市に編入されたんだ。島崎藤村の生地であり、名作『夜明け前』の舞台だ。生家、本陣島崎家の跡に藤村記念館がある。島崎藤村については後で詳しく話すね。

面白いのは、藤村の筆による「是より北　木曽路」の碑があるんだよ。ここが木曽路の最南端ってわけだ。

この宿場町を訪れた時、美しくなった街道で新しいカフェや昔ながらの茶店を営む人たちに「もしかして、『信濃の国』、歌えますか?」と訊いて歩いてみたことがある。結果、店を営むほぼ全ての人が歌えた。だって、岐阜県中津川市だっていうけれど、2005年までここは信州だったんだから。

ちょっと寄り道

さて、今、木曽の人々に元気を与えてくれる存在は、大相撲の御嶽海関だろう。

長野県知事が「大相撲中継で御嶽海が登場するたびに、長野県上松町出身、と場内放送されますが、これは大変な長野県の広告です」って話してくださったことがある。

関取がまだ高校1年生の時、遠足か課外授業かで長野市に来ていて、長野駅改札口で僕に声をかけてくれた。

「三四六さんですよね?」

「お!　なんだ?　柔道部か?」

「違います。相撲部です」

「おお、そうか。君、強いのか？」

その質問にちょっぴりカチンときたのか、彼は木曽青峰高校まで来てくれと言った。約束を果たすために、テレビ局のディレクターに相談して、番組企画として学校を訪問。可愛らしい女子高生がチェーンソーを教えてくれた高校で、それ以外にも実は、相撲の「まわし」を締め、大道くん（のちの御嶽海関）と相撲を取ったのだ。

結果は、がっぷり四つから高らかに吊り上げられて土俵の外へ出された。空中で足をバタバタしている僕の姿はまるで大型クレーンに吊り上げられ無謀に暴れるハゼの様だった。

心してゆけ久米路橋

さて、次に歌われているのは「久米路橋」だ。

犀川が流れる信州新町の琅鶴《ろうかく》湖の下流、その渓谷にかかる橋のことだ。

この橋は、1847年の善光寺大地震★1で崩落した。

もちろん、現在はちゃんと久米路橋はかかっている。しかし、今、見に行けば、そのあまりの平凡さにガッカリしてしまう。

僕は中学の修学旅行で高知県の「はりまや橋」に行ったことがある。バスガイドさんが「はい！　左手に見えますのが、あの、はりまや橋でーす！」って紹介した時、正直「え？　これ？」とガッカリした。だって、♬高知の城下へ来てみいや、じんばもばんばもよう踊る〜、鳴子両手によう踊る〜よう踊る〜　土佐の高知のはりまや橋で、坊さん、かんざし買うを見た、よさこいよさこい！♬なんて、高知代表の高校野球チームが甲子園の応援席で歌うくらい有名な「はりまや橋」なんだもん。

久米路橋もそう。「信濃の国」に歌われているくらいの、しかも「心してゆけ」なんて言うんだもん。そりゃあ少しは期待と緊張感が高まるよね。

以前は木製の吊り橋だったが、1933年にかけられた現在の橋は、コンクリートアーチ型という以外は特に語るべき特徴のない橋になってしまっている。戦時下の1942年に下流の水内ダムが出来て、犀川が作った渓谷美も沈んでしまったというから、残念極まりない。

木製の吊り橋で、なおかつ犀川の急流が削りだした渓谷が眼下に迫っていたならば、それこそ「心してゆかねばならない」場所だったように思う。

ただ、この久米路橋には語るも涙の「キジも鳴かずば」の悲話がある。

貧しい農民の娘、お菊が重い病に苦しんでいた。お菊の最後の願いは「あずきまんまが食いてえ」だった。赤飯のことだ。愛娘の願いを叶えたいと考えた父は、地主の蔵か

SHINSYU DEEP TOUR CHAPTER 04

ら小豆を盗んでお菊に赤飯を食べさせてやった。

するとみるみる元気になり、外で遊べるまでになったお菊が、友達に軽口を叩く。「オラあ、あずきまんま食ってるんだあ」って。

これが証拠となってしまい、父は捕らえられてしまう。

実は、この頃の久米路峡は雨が降るたびに荒れ狂い、よく橋が流されてしまっていた。村人たちは、これを神の祟りと信じていたので、人柱を捧げて神の怒りを鎮めようと考えた。その生贄に、小豆を盗んだ父が選ばれてしまった。

あまりのショックでお菊はまた病になり、言葉を話せなくなった。

ある日、一羽のキジが鳴いたことで、居場所が見つかり、猟師に撃たれたところを見たお菊は「キジも鳴かずば撃たれないものを」と嘆いた。

それは、自分が喋ったことが父の命を奪う結果となった過去に重なったのだ。

それ以来、お菊は一言も話すことなく一生を終えたのだという。

今でも、久米路橋のたもとにその物語が書かれた標が立っている。

この悲話を知ったことで改めて、この久米路峡はその昔は激流の大変恐ろしい場所だったということに思い至る。

先ほどからガッカリな場所だと言ってしまっているようで、ごめんなさい。

この久米路橋の秋の紅葉は、観に来る者の言葉を奪うほどに美しい。

緑がかった青の水面を、さざなみ立てて流れる犀川に、色とりどりの木々が我を見よとばかりに枝を垂れている。まるで絵画だ。

「信濃の国」に歌われる「心してゆけ」とは、危ないぞ！　という警鐘ではなく、もしかしたら、「その美しさに十分に気を配れ」と秋の絶景を紹介しているのかもね。

ちょっと寄り道

久米路橋へ向かう国道19号の、信州新町市街地の入り口あたりに奈津女橋があり、そのたもとに小さな公園がある。そこには「かあさんの歌発祥の町」と書かれた木碑が建っている。あの有名な唱歌だ。

戦時中、東京から父の実家があった信州新町へ疎開でやって来た窪田聡は、高校を卒業した後、貧しいながらも音楽活動をしていた。その頃、母から手編みのセーターや食べ物が手紙と一緒に届いていたという。

窪田は、疎開時代の田舎暮らしを思い出しながら、このことを歌にした。これがあのペギー葉山が哀愁たっぷりに歌う「かあさんの歌」だ。

現代でも、都会に出た子を心配して仕送りや食材を送ってやることがあるだろう。けれど、故郷を偲びながら、「かあさんの歌」を歌う大学生は皆無だろうね。

くる人多き　筑摩の湯

さあ次は、「筑摩の湯」だ。

長野県は環境省の統計によれば、北海道に次いで2番目に温泉地が多い自治体となっている。

たとえば、北信の栄村切明温泉は、自分で河原の石を掘って入る珍しい温泉だ。野沢温泉村は、全国で唯一、名前に温泉が入っている自治体だ。外国人観光客に人気の、お猿さんが温泉に入る地獄谷温泉への玄関口である、湯田中・渋温泉もしっぽりしていて良い。

志賀高原には、五色温泉に七味温泉。

別所温泉だけでなく、鹿が源泉を教えたという鹿教湯温泉、田沢温泉、戸倉上山田温泉も歴史がある。高山温泉や蓼科温泉も素晴らしい。

諏訪湖はフォッサマグナが作った湖だから、周辺は全て温泉地。

フォッサマグナといえば、大町温泉も小谷、白馬の温泉も然りだ。

園原あたり、南信で最も有名な昼神温泉といえば、旅館「石苔亭《せきたいてい》いしだ」だ。TBSの昼ドラマ「温泉へ行こう」の舞台となっていた。

安曇野の中房温泉は、学校登山でも有名な燕岳への起点として知られている。この源泉は29本あり、ほとんどの温度が90度以上で、加温や加水をしないいわゆる天然温泉で、もちろん源泉掛け流し100%だ。秘湯であり、14もの様々な温泉巡りが楽しめる。裏山の焼山は、地熱が100度を超えていて山肌がとっても熱い。ここに、宿の大将が牛肉を埋めて蒸し焼きにし、ローストビーフとして宿泊者に提供しているんだけど、これ、僕は世界一うまいローストビーフだと思っている。

面白かったというか辛かったというか、一番印象に残っているのは本沢温泉だった。

八ヶ岳の硫黄岳山中、標高2150メートルにある吹きさらしの野天風呂で、登山で行くしか方法がない。

1度目の挑戦は、雪に覆われていて気温がマイナス20度の中、温泉は40度あり、その差が60度もあるという状況で、ヒートショックの危険性ありと指導を受け、泣く泣く断念して下山した。

2度目のチャレンジで入湯に成功した時は、嬉しくて泣けたのを覚えている。着替える場所がなく、混浴でもあるので、僕が訪れた時も普通に熟年の女性が入っていたが、「ああ、どうも」なんて言いながら自然と温まることができたのは、硫黄岳の荘厳な山の

日本一高所にある野天風呂

中に囲まれて、大自然の中では何もかも取っ払ってしまいたい！　という気持ちが湧くからだろうか。

とにかく、日本最高所の野天風呂、本沢温泉「雲上の湯」は、チャレンジして決して損はない。

さて、白骨温泉などの名湯を抱える松本地域。

ここに「筑摩《つかま》の湯」はある。それは、『日本書紀』の中で「束間の湯」として登場している。これが現在の美ヶ原温泉、浅間温泉を指すと言われているそうだ。

調べてみると、『日本書紀』に天武天皇14年の「束間の湯行宮《あんぐう》」の記事が残っている。「行宮」とは、一般的には天皇行幸の時の仮の宮居《みやい》のことであるが、政変などの理由で御所を離れた際の一時的な宮殿のことも指す。

つまり、天武天皇が、一時的に宮殿を信濃国の束間の湯に置こうと考えていた、ということだ。

束間の湯

この頃の朝廷は、疫病が流行し、また地震が続き、都に近い有馬の湯などが枯れるという現象があったという。そこで、良い場所を探すことになったのだろうか。

とはいえ、この行宮計画はなぜか幻に終わった。

鎌倉時代以降、北条氏、犬甘氏、小笠原氏が湯の原という地域を支配した。戦国期には、武田信玄が松本を攻めたが、その後、徳川家康の力を借り、小笠原氏がこの地を再支配した。江戸期以降、歴代松本藩主たちは、このあたりに保養所を設け、湯守を置いて管理するようになり、幕末には湯治客が増え続け、大いに賑わったらしい。49世帯があり、そのうち11の世帯が温泉宿を営んだという記録がある。

こう見ても、ものすごい歴史を持った温泉だとわかる。やはり、束間の湯は、現在の松本市の美ヶ原温泉郷、浅間温泉郷を指すという推理は正しいのではないだろうか。「信濃の国」では、「くる人多き筑摩の湯」と歌われている。歌われ出した明治時代には筑摩県だったのだから、束間はいつしか筑摩と取って代わったとしても無理はない。

僕は、美ヶ原温泉郷（山辺温泉）、浅間温泉郷に旅した。

かつては、信濃国筑摩郡里山辺村湯原という地名だった。明治、大正と「湯の原」として栄え、昭和30年代に美ヶ原温泉と改称され、松本城下に1300年以上湧き続ける名湯だ。

この温泉郷では、天武天皇に仕えていた有力な豪族の遺跡が多く発掘されている。以前、番組の面白い企画で、「温泉ライダー」というキャラクターを演じていたことがあった僕は、お世話になった宿を再訪した。

和泉屋善兵衛という宿で源泉をいただいて車で美ヶ原高原まで運び、ドラム缶に移し替えて下から火で温め、松本平を見下ろして絶景風呂の気分に浸ろうという企画だった。

本当にお世話になったものだと感慨に浸っていると、その和泉屋善兵衛の隣に、「すぎもと」という民芸旅館がある。なかなか風情がある佇まいの宿だ。

旅館の主人、花岡さんは祖父からよく昔のことを聞かされていたという。この通りに5軒、宿が連なるように建っているのは、かつて松本城主の保養所として一軒の大きな長屋だった名残だという。

多くの文献を出してお話しくださったが、やはり、奈良時代以前から「束間の湯」は中央に聞こえる評判が立ったらしい。

花岡さんも、それが天武天皇の「束間の湯行宮」造営計画につながったのだと思う、と語っていた。

日本の民俗学者であり詩人、歌人である折口信夫は、ここを訪れた時、ここここそがあの「束間の湯」であろうと言ったという。

「いにしへの　つかまの出で湯　ひなさびて　麦に生まじる　連翹《れんぎょう》の花」　釈迢空

「釈迢空」とは、折口信夫の詩人としての号だ。

旅館すぎもとには、中庭に「束間の湯」と書いた看板が立っていた。そこには厳重に守られた源泉があった。

大和の昔からその名が知れ渡っていたこの温泉地。本当に多くの湯治客を迎え入れていた時代が長く続いたのだろう。それゆえに、明治に歌われた「信濃の国」では、ここを取り上げたに違いない。

ひっそりと美ヶ原の麓に佇むようにある温泉郷に、派手な温泉リゾートは似合わない。古き歴史とともに、温泉客を優しく受け入れる「束間の湯」であって欲しいと願う。

月の名にたつ　姨捨山

さあ、次なるは「月の名にたつ　姨捨山」だね。

美しい棚田のそれぞれに、秋の名月が輝き映る「田毎《たごと》の月」で有名な姨捨だ。その月の美しさは、『古今和歌集』にも詠まれるほどで、都の貴族たちの憧れの場所だったという。

テレビの企画でここでもまた僕は、戸倉上山田温泉からお湯をもらって車で運び、棚田にドラム缶を持って来て沸かし直し、「絶景の田毎の湯」を手作りしたことがある。本当に気持ちよかったなあ。これ以上の贅沢がどこにあるってんだい！

さて、姨捨山の伝説は、『大和物語』（950年頃）に初めて書かれたものだ。

そこには、「信濃国の更級というところにある男が住んでいて、嫁と姑のいがみ合いに心を痛めていた。こうなればもう、あの深い山に年老いた母を捨てに行くしかないと考えた。月が綺麗な夜に、母を騙して高い

姨捨山と棚田

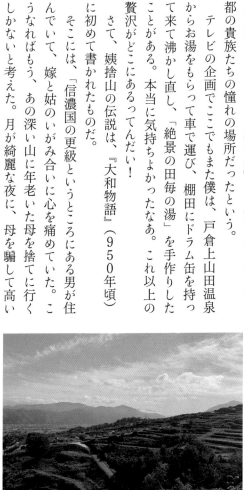

峰の決して降りては来られない場所に母を置いて来た。それでも、月があまりに明るくて眠ることができず、ああ、やっぱり無理だと、また山に入って母を迎えに来た」と描かれている。

また、『今昔物語集』にも同じような話が描かれていて、そこでは母を捨てた山が「冠山」と書いてあるので、姨捨山は千曲市と筑北村の境にある「冠着山《かむりきやま》」のことをいうのではないだろうかという説も有力だ。

ただ、篠ノ井線姨捨駅の近くにある「長楽寺」には、山に捨てられた老婆が石に変わったとも、悲しくて石から身を投げたとも伝わっている「姨石」が存在しているという。

長楽寺は、信濃三十三観音霊場の14番目札所で、ご本尊は「聖観世音菩薩」、またの名を「姨捨観音」なんて呼ばれている。創建時期は不明らしい。家内安全、健康長寿、交通安全、商売繁盛、良縁成就など、あらゆる祈願を受け付けている。置いてある木札に願い事を書いて、賽銭箱に300円を入れて手を合わせる。ただ賽銭を投げるのではなく、こうやって木札に書いておけば、後からご祈祷してくださるというのが

長楽寺観音堂と姥石

ありがたい。

眺望の良い境内に足を踏み入れると、すぐ脇に松尾芭蕉の「おもかげ塚」なるものがあり、一句詠まれている。

「俤《おもかげ》や　姨《おば》ひとり泣く　月の友」

近世にかけて、姨捨山は多くの俳人たちに頻繁に詠まれたという。この歌は芭蕉の『更科紀行』に登場するものだ。

小林一茶は信濃国の人なので4度も訪れているらしいが、あの伊能忠敬の来訪も記録されている。

僕が目指すは、観音堂だ。姨捨山放光院・長楽寺観音堂というそのお堂の隣に、想像していたものとは比べ物にならないくらい大きな石があった。高さは15メートル、幅25メートル、奥行き25メートル、石というより、岩といったほうがいい。あまりに想定外のスケールに圧倒される。さらに、この姨石、なんと後ろ側からてっぺんに登ることができ、絶景を楽しめるのだ。

48枚あるという棚田。大昔にこの田に映る中秋の名月を眺めながら、俳句の会や歌詠みの会が長楽寺で開かれ、それに参加できることが結構なステータスだったそうだ。ならば、僭越ながら、僕も歌人の端くれとして（どこがやねん）、一句詠もうではないか。

「月見酒　かえり忘れる　石の上」

月があまりに綺麗で、この姨石の上で田毎の月を眺めながら酒を飲んでいたら、酔って降りられなくなることも忘れてしまう。だって、高さ15メートルもあるんだよ。という歌である。要は「飲んだら登るな　登るなら飲むな」である（笑）。

この田毎の月は、景観を保護するため名勝に指定されている。棚田の向こうには善光寺平が望める。2020年6月19日、『月の都千曲～姨捨の棚田がつくる摩訶不思議な月景色「田毎の月」～』というタイトルで、日本遺産に認定された。

しるき名所と風雅士《みやびお》が　詩歌に詠《よみ》てぞ伝えたる

さて、「信濃の国」4番では、これらの名勝を風雅士《みやびお》、つまり歌人や詩人たちが風流に歌い残してくれている、とある。

ここまで述べてきたように、園原も寝覚の床も、木曽の桟や久米路橋、筑摩の湯に姨捨山の月まで、その美しさや歌人たちの憧れの念は多くの文献や歌に記されている。

そんな風雅士の中で、特に信州にゆかりのある2人に関しての、小さな旅をしたい。

信濃町出身の小林一茶と、木曽は馬籠宿出身の島崎藤村だ。

小林一茶

小林一茶は、1763年、北国街道柏原宿の貧しい農家に生まれた。現在の信濃町である。本名は弥太郎。3歳で母を亡くし、8歳で新しい母ができる。

「我と来て　遊べや親の　ない雀」

その継母に反抗するようになった一茶は、15歳で江戸に奉公に出た。江戸中を転々としながら20歳で俳句を始める。

29歳の時に故郷信州へ帰った一茶は、翌年から6年間、関西、四国、九州と俳句の旅に出る。39歳で父が危篤となったのでまた信州に帰るが、1ヶ月の看病の末に、父が亡くなってしまった。継母と弟との間に遺産相続争いが起こり、一茶は江戸や房総で俳句の指導をしながら、貧乏生活に耐えていた。50歳で三度《みたび》、故郷へ帰ってくる。

52歳でようやく伴侶を得て、3男1女をもうけたものの、皆幼くして亡くなってしまう。父の遺言では、田畑を半分ずつ分けるようにとのことだが、現在信濃町に残る一茶の家と弟の家を復元した建物を見に行けば、完全に弟の家の方が立派だ。というのも、実はこの一茶の家は1827年の火事によって焼失してしまった母屋の横に残った土蔵を改装したものなのだ。

この時に詠んだ一句が、「やけ土の　ほかりほかりや　蚤さわぐ」だ。

そして、住み始めた小さな土蔵について、「これがまあ　ついの栖《すみか》か　雪五尺」と詠

SHINSYU DEEP TOUR CHAPTER 04

俳諧寺 一茶翁墓

一茶の旧家

んでいる。
　この、決して立派とは言えない家でおよそ5ヶ月暮らし、65歳の生涯を終えた。その生涯で、2万句に及ぶという作品を残した。
　この終の住処が国に史跡として指定されたのを記念して、１９６０年、信濃町の小丸山に一茶記念館は建てられた。その生涯はもちろんのこと、作品や故郷のことを学べる。小丸山に建てられた理由は、一茶の墓が小丸山公園の横の寺にあるためだろう。
　一茶記念館をぐるりと回って、裏手にある公園のブランコから一直線に伸びる細い道が、霊園を貫いている。そこを行くと、いかにも目立つ高い墓石に行き当たった。無造作に積み上げられたようなゴロゴロとした岩にすくっと高さのある石碑が立っていて、そこに「俳諧寺　一茶翁墓」と彫られている。

隣には、父母の命日には欠かすことなく墓参りをしたという小林家代々の墓が並んでいる。一茶を慕う地元民たちが、１９１０年に建てたという「一茶おもかげ堂」の横には一茶像があって、そこに故郷信州への思いが詠まれた句碑が建っている。

「初夢に　古郷を見て　涙かな」

一茶は、51歳から北信濃の高山村で「一茶社中」を興し、まるで俳句サロンのように皆に俳句を教えて楽しんだそうだ。晩年は北信濃を旅して、湯田中温泉も楽しんだという。弟子の久保田春耕から「水石亭」という離れ家を提供してもらい、そこに１４０日以上宿泊して俳句指導をしたという。そこは現在、「一茶ゆかりの里・一茶館」として、50点にも及ぶ彼の遺墨と関連資料１５０点が公開されている。


さて、あまり知られていないが、ぜひ訪ねてみてほしい地域がある。

２０１９年10月13日に起きた「台風19号災害」で千曲川堤防が決壊し、濁流に飲み込まれた長野市長沼の赤沼、穂保、津野、大町地区だ。

ここには「長沼十哲《じってつ》」と呼ばれた多くの門下生たちがいて、一茶はよくこの場所に通いつめた。そのため、あちらこちらに一茶の句が残されている。

一茶が通っていた頃も、千曲川はこの地区を襲っていたのだろう。穂保地区にある長沼公園には、それを物語る句碑がある。

「首たけの　水にもそよぐ　穂麦かな」

僕は、災害時のボランティア活動でこれらを知った。決壊場所に一番近い赤沼区公会堂には、「信州りんご発祥の碑」とある。

信州では、りんごは１８７４年から作られはじめた。１８９７年に、経営的りんご栽培が導入されたらしい。やがて養蚕が下火になりはじめる頃、蚕の餌となる桑畑が広がっていたこの地域を、りんごの一大生産地にする動きが活発になった。千曲川が氾濫すると、桑畑はすぐにダメになる。一方、りんごは、たとえ氾濫して被害にあっても、翌年には必ず実をつける強さがある。確かに、台風19号災害の翌年、赤沼地区のりんごの木を見に行ったが、それは見事な鈴なりになっていた。生育環境面の理由からも、桑畑は急速にりんご畑に変わっていき、以来、赤沼一帯が信州りんごの生産をリードする場所となった。

１９６６年に国道18号バイパスが開通し、長野から新潟に向かう道は、一面に広がるりんごの木から「アップルライン」と呼ばれている。

この赤沼区公会堂入り口横にも、一茶の句碑がある。

「半分は　あせの玉かよ　稲の露」

信州りんご発祥の碑

当時から、何もない農村地帯だったこの地域を、なぜ一茶は好んで訪れたのだろう。昔から、俳句好きが多い地域だったとは言うが、そればかりが理由とは思えない。もしかすると、何度となく襲いかかる千曲川の氾濫に悩まされながらも立ち向かい、また、前に進もうとする人々とこの地域が一茶に勇気を与える場所だったのかもしれない。

島崎藤村

さて、もう一人、島崎藤村ゆかりの場所を探そう。

1872年、筑摩県馬籠村の本陣、庄屋、問屋を兼ねた家に生まれた藤村。本名は春樹という。馬籠村は前述した通り、現在は岐阜県中津川市に編入されてしまっているが、れっきとした信州出身である。

学問に勤しむため、9歳で上京し、明治学院を卒業した。翻訳やエッセイなどを寄稿し、明治女学校、東北学院で教鞭をとりながら、浪漫派詩人として活躍した。

1899年、故郷である信州の小諸に開校した私塾「小諸義塾」に国語と英語の教師として赴任することになった。この年に秦冬子と結婚している。

この頃に書いた「千曲川旅情のうた」「椰子の実」「惜別のうた」は、今も歌い継がれている名作だ。では、その小諸義塾を訪れてみよう。

キリスト教牧師の木村熊二《きむらくまじ》が設立したこの学校は、高等学校を出た若者たちのさらなる勉学の場を作るという目的のもとにできた私塾である。1893年に開校して、3年後には2階建ての木造の立派な校舎を建てた。その跡地は現在の小諸駅の南側にあって、石碑が建てられている。

藤村は6年間、ここで若者たちと自由闊達な授業を展開した。1906年に財政難と、日清・日露戦争を機に、個性的で自由を特色とする教育は国家的な教育制度に阻まれ、廃校となった。その校舎は小諸商工学校（現在の小諸高校、小諸商業高校）に転用されたが、もともとあった場所に移設しようということになり、現在はその当時のままの姿で、小諸城址・懐古園のすぐ隣に建ち、小諸義塾記念館として博物館の役割を果たし、当時の歴史が学べるようになっているから訪れてみるといい。

そのこぢんまりとした校舎の裏手に回ると、藤村の「惜別の歌」の歌碑があった。鍵がかけられた「メロディー装置」と書かれた箱があって、開けてボタンを押すと歌が流れる。恩師である木村熊二と、懐古園周辺を散策した時に書いた詩と言われている。

1944年、中央大学予科生だった

小諸義塾

藤江英輔が、敗戦間近の陸軍に召集され、戦地に送られていく仲間の学友たちを悲しみ、この藤村の詩（元は「高楼《たかどの》」という名）に曲をつけ、もう再会することが叶わない出陣学徒たちを歌いながら見送ったという。実は、藤村の原詩は「かなしむなかれ　わがあねよ」だったが、英輔は「かなしむなかれ　わが友よ」に変えた。著作権という観点からは問題となるはずが、著作権継承者の一人と面識があった英輔が、この歌詞の変更を許されたという経緯があったという。この歌は、現在でも中央大学の学生歌として歌い継がれている。

藤村は、小諸にいた時代に大きな作風の変化を遂げている。詩人として活躍していたが、随筆・小説家の世界へ移行していった。

そして書いたのが、千曲川一帯の自然や人々のくらしを写生した『千曲川のスケッチ』だ。

藤村は、小諸にある中棚荘という温泉宿に足繁く通ったらしい。あの「千曲川旅情のうた」はここで執筆されたと言われ、その部屋は「大正館」の「藤村の間」として復元されている。

また、『千曲川のスケッチ』の中に、「山の温泉は別種の趣がある。（中略）升屋というは眺望の好い温泉宿だ。（中略）楼上から遠く浅間一帯の山々を望んだ」と書いてある。

この升屋という宿はどこにあるのか。是非とも、島村が浅間一帯を見下ろした楼閣に

SHINSYU DEEP TOUR CHAPTER 04

登ってみたい。藤村ゆかりの宿を目指して、現存しているという青木村の田沢温泉へ向かった。

十観山の山間に隠れている田沢温泉は、飛鳥時代後期の開湯と言われ、その昔から子宝の湯として親しまれたらしい。非常にマニアックな温泉街だが、古き良き湯治場の歴史を感じられる木造の旅館が数軒並んでいる。

その静かな坂道に、升屋（ますや旅館）はあった。6棟からなる大きな木造建築は、国の登録有形文化財に指定されている。坂道を登る途中からすでに確認できるほど立派な高楼があり、その最上部の3階に藤村ゆかりの部屋がある。

小諸義塾教師時代の1901年8月に、この部屋に宿泊して『千曲川のスケッチ』を書いたのだ。この「藤村の間」は、予約を取れば誰でも宿泊できるという。藤村が泊まった当時のままでなるべく残そうと、彼が使った机、茶箪笥などがそのまま使われていて、その窓際に腰掛けてみれば、まるで自分が文豪になったかのような気分になれる。これだけの状態を保存しながら宿を経営するこ

ますや旅館

藤村の間

とは、おそらく大変なご苦労があったに違いない。そのことは、部屋に掲げられている藤村の息子が書いたお礼文を読めば理解できる。

さて、この時代に藤村が居を構えていたのは、現在の小諸市相生町3丁目。訪ねてみれば、「藤村舊栖地《きゅうせい》」と書かれた石碑がある。達筆な文字だなあと思ったら、有島《ありしま》生馬《いくま》の字だという。有島生馬は、藤村が1913年からパリへ留学する際に尽力しているし、『千曲川のスケッチ』★2の装丁もしている。

旧小諸藩の士族の屋敷に住んでいたが、その家は佐久市の貞祥寺に移設保存されていて見ることができる。旧邸宅跡の近くには「井戸」が残っているんだ。

新婚生活の後、子供たちを育てていた妻・冬子との生活にとってこの井戸は洗濯場であり産湯の水でもあったという。実際、毎朝のように藤村が早朝になると顔を洗いに来たというこの井戸は、ちょっとした観光スポットにもなってる。

この小諸の地で、結婚生活が始まり、詩人から転じて小説家になることを決意し、生活感溢れる時間を過ごした藤村。小諸義塾を辞して上京してからは、3人の子女を栄養失調で亡くすという悲劇を乗り越えて、あの日本近代文学を代表する作品、『夜明け前』を執筆するにいたる。

東京、パリと、世界的な大都市に住んだ彼が、あの名作の舞台としたのが木曽路の馬籠なのである。生を受け、幼少期の9歳までだけを過ごした木曽だ。故郷とはそういうものなのか。「木曽路はすべて山の中である」

ちょっと寄り道

信州には海がない。けれど湖がある！　ということは前にも書いたよね。

実は、海岸線から最も遠い地点が長野にあるんだ。

それは、住所で言うと、佐久市田口榊山2091ー1である。

ただし、標高1200メートルの国有林の中にあり、そこまでたどり着くには相当な覚悟がいる。

水源涵養林なので、頂上付近から美味しい水が湧き出て流れていく。とても綺麗なその沢に沿って登っていくので、聞こえてくるせせらぎに励まされるのが救いだ。台風や大雨があるたびに崩落が起きやすいので、よく通行止めになる場合があるから、チャレンジするならば必ず佐久市臼田支所に連絡を入れて確認すること。その上で、海から一番遠い地点に到達した暁には、認定証が発行される。

エメラルドグリーンの雨川ダムの綺麗な水面に招かれて、林道入り口に車を停める。そこから2・2キロの登り道を自分の足で歩いていく。

「海から一番遠い地点まで1800メートル」、「海から一番遠い地点まで1300メートル」と、途中に看板が立って矢印で方向を示してくれる。

残り1000メートルくらいからは、ゴロゴロとした岩や倒れた大木に道を阻まれながら進む、根性と勇気と忍耐が試される冒険となっていく。

何度も沢に足を踏み入れなければならないから、きちんとした登山靴や装備が必要だ。何より、「熊に注意」の看板があちらこちらにあり、熊除けの鈴を鳴らしながら行かねばならない。確かに、熊が出そうな雰囲気だ。

心が折れそうになりながら諦めずに登っていくと、急に空が明るくなって開けた場所に着いた。そこから100メートルのラストスパートで、ついに白い木造の標を見つけた。僕の足で出発から50分。普通なら1時間以上はかかるという。

「日本で海岸線から一番遠い地点」と、赤字でくっきりと書いてある！

筑波大学の学生から国土地理院への質問をきっかけに調査が始まったという。1996年、国土地理院の関氏らによって、計算されたらしい。

静岡県富士市田子の浦港から114・853キロ。

新潟県上越市直江津から114・854キロ。

神奈川県小田原市国府津から114・861キロ。

新潟県糸魚川市梶屋敷から114・866キロ。

この4地点を結ぶ円を描けば、その中心点が114・855キロのこの場所になるんだ。海岸線からおよそ115キロも離れているんだ。

ちなみに、北海道では、石狩山地の中にある108・2キロ地点が一番海から遠い地点らしい。

それにしてもこの達成感ったらない！　下山してさっそく佐久市臼田支所に行き、記念に撮った写真を見せて「認定証」を発行してもらった。そこには「あなたは、日本で海から一番遠い地点へ到達したことを認定いたします」と書かれている。柔道をしていた頃にはよくもらった賞状も、おっさんになってからもらうのは、照れ臭いけど妙に嬉しかったよ。

日本で海岸線から一番遠い地点

認定証

★1　善光寺のご開帳を目当てに多くの参拝客が訪れていたときに信州を襲った直下型地震。マグニチュードは7を超すと推定されている。善光寺の一部が大破し、町も火災にあう等、甚大な被害を生んだ。

★2　1882年－1974年。雑誌「白樺」でセザンヌを日本に初めて紹介するなど近代日本洋画界に大きな足跡を残した画家。1945年に信州新町を訪問し、犀川のダム湖に「琅鶴湖」と命名する等、信州とのつながりも深い。

第5章

旭将軍義仲も
仁科の五郎信盛も
春台太宰先生も
象山佐久間先生も

皆此国の人にして
文武の誉たぐいなく
山と聳えて世に仰ぎ
川と流れて名は尽ず

それでは、「信濃の国」5番へと進もう。

主に、信州にゆかりがある4人の英雄的歴史上の人物が登場している。実は、信州生まれではない人物もいるのだが、そんなの関係ない！　信州に来る運命があった人物が、信州のために尽くし、そしてこの場所で命をかけたということだ。それを、信州人じゃないいなんて言わせない。

文武共に優れたこの人たちの功績や名誉は、山のように際立って高く、世の人々が仰ぎ見るくらいだし、川の流れのように永遠にその名は残るんだ、と歌われている。

旭将軍義仲

最初に登場するのは、旭将軍木曽義仲だ。

義仲は、1154年、武蔵国に生まれた。源頼朝の叔父である義賢の次男で、木曽で養育された。

1180年、27歳の時に平家追討の兵を木曽で挙げる。時代は、平清盛が院政を停止して、後白河法皇を幽閉していた頃だ。義仲はまず依田城に陣取り、翌年に越後の平家方の軍を破る。

このことは、『平家物語』巻六「横田河原合戦」に書いてある。横田河原とは、今の長野市篠ノ井辺りを指すらしいから、篠ノ井でも源平合戦があったということだ。

　その後、北陸に兵を進め、平維盛が率いる大軍を破り、連戦連勝で向かうところ敵はなく、平家を西国に追い詰めて京に入り、都で実権を握った。

　この頃、すでに東国鎌倉には源頼朝が後白河院政の下に認められる存在となっていて、そんな折に義仲軍といえば、飢饉から食糧難が続く京で狼藉を働いた（後白河法皇による陰謀という説もある）ことなどから評判は悪化していた。入京して半年後、頼朝が差し向けた弟の範頼と義経の軍に宇治の地で敗れ、近江の粟津で戦死した。木曽から連れだって来た女武士の巴御前は、最期も共にいたいとごねたが、義仲は無理に逃がしたという。最期は、今井兼平と2騎で琵琶湖まで来たが、深みにはまったところで討たれた。滋賀県大津市の義仲寺には、義仲と兼平の墓がある。

　義仲が兵を挙げたのは、木曽路の宮ノ越という地

御神木

旗挙八幡宮

だ。国道19号を走っていると、「木曽義仲公旗挙の地」という看板もある。ここは、現在の木曽町日義という住所で、合併前は日義村だった。この日義村という地名も旭将軍義仲の旭の日と、義仲の義からとったというからすごい。また、宮ノ越にある日照山徳音寺には、義仲と巴御前の墓があるんだ。

さらに、信州新町にある宝秘《ほうひ》山玉泉《ぎょくせん》寺も訪ねてみてほしい。

塩の道として知られる千国街道と、金銀の道として知られる北国街道を横に繋ぐようにして通っている峰街道の途中にある。峰街道は、信州新町から旧中条村、小川村、旧美麻村を貫く全25キロ、標高差800メートルの道だ。一時は忘れられたかのように寂れていたが、地元有志たちによって「天空の道」として整備され、古道ファンたちの注目を集めつつある。北は戸隠、虫倉山山系、西に北アルプス、南には聖山、浅間山までもが拝める絶景スポットがある。

1181年、横田河原の合戦で勝利した義仲はその後、覚鑁《かくばん》上人による玉泉寺開祖創設の話を聞いて大いに喜び、この寺を祈祷寺にすることを決め、仁科氏をはじめとする各武将を集めて戦勝祈願を行った。それ以来、義仲の守護寺として続いたというのが玉泉寺だ。

京都にあった祈願寺の玉泉寺を源頼朝によって焼き討ちにされていた義仲にとって、その名を継承する寺は有り難かったに違いない。

この焼き討ちの時に、信濃武士だった仁科氏配下の竹村兵部が本尊だった観音像を命がけで救い出した。竹村は、逃げて落ち着く場を仁科氏の本拠地である安曇野に求め、主君の菩提を弔って、小さな観音堂を建てた。

それから紆余曲折の末、観音像はこの玉泉寺にちゃんと戻ってきたのだ。義仲の念がなした業という他ない。修復によって鮮やかな金色に輝く観音像は、頑丈な鍵がかけられたお堂にしっかりと納められている。


義仲が旗挙げする際に戦勝祈願をしたという「旗挙八幡宮」にも行ってみた。そこは大通りからは決してわからないような裏道にひっそりとある。もともと義仲が館を構えた場所だったという。

御神木は大欅だ。樹齢800年という古木だが、近年になり樹勢が衰えたので、その後継として2代目の大欅がそびえたっている。建てられている説明文には「生き続け、落雷により傷ついたその姿は、悲劇の武将を物語ってくれるかのようである。」とある。

樹齢800年の初代の大欅は、その年数から、義仲挙兵の時に植えられたのだという説が有力らしい。

旗挙八幡宮のすぐ近くには、義仲館がある。

義仲は悲運の武将と言われている。その生い立ちから、征東大将軍となり、壮絶な最期を迎えるまで、彼の生涯に魅力を感じてやまないファンがよく訪れるそうだ。

義仲と巴御前の大きな像に迎えられ、中にはその太く短い義仲の31年の生涯を表した絵図があり、わかりやすく解説してくれる。

僕はその一生の濃厚さを確かめ、自分ののんべんだらりとした人生をいささか反省するのであった。

ちょっと寄り道

さて、この木曽地域から出た面白い偉人をひとり紹介したい。

木曽福島にある興禅寺には、木曽氏が建てた義仲の墓があるけど、この興禅寺は1927年の福島大火で焼失した。復元復興は、なんと鉄筋コンクリート構造でやろうという斬新な人物がいて、設計図が寺に残っている。その人物とは、遠藤《えんどう》於《お》菟《と》だ。

慶応元年に福島村（現在の木曽福島）に生まれた彼は、ズバリ一言で言うと、日本における「鉄筋コンクリート建築の祖」なんだ。

鉄筋コンクリート建築の祖が、日本一の檜の森を持つ木曽から出たというところがなんとも面白い。興禅寺の寺院を復建する時、普通なら最高の檜を使って建てようじゃないかって言い出しそうなのに、彼は違った。結局その案は採用されなかったけどね。

横浜に出かけた時には、横浜公園から埠頭へ向かう途中の銀杏並木を散策してほしい。裁判所や日本銀行横浜支店などのおしゃれな歴史的建築物に並んで、三井物産横浜支店のビルがある。

このビルこそが、日本最古の鉄筋コンクリート構造の建造物なのである。竣工は1911年。当時としては革新的な全面RC構造のビルを、苦難の末ついに完成させる。その設計を手掛けたのが、遠藤於菟なのだ。

この建築物は、関東大震災で周辺の建物がほぼ壊滅状態になった時も、内部の小さな火災だけで済んだという。

竣工から110年が経つ今も、1階はギャラリーとして、2階から上はオフィスとして現役で活用されている。建築評論家たちが「遠藤ルネッサンス」と呼ぶその歴史ある佇まいを、一度は見に行ってほしい。

仁科の五郎信盛

さて、2番目に登場するのが、仁科五郎信盛だ。

県歌「信濃の国」では「信盛」と歌っているが、『県歌信濃の国』（市川建夫、小林英一著・銀河書房）には「『信濃の国』の信盛は誤り」とあり、『県歌信濃の国解説』（小宮山三郎編）にも、「県歌『信濃の国』は信盛となっているが、武田家系譜と多くの資料は盛信となっているから盛信が正しい」とある。

なぜ、作詞の浅井洌《あさいれつ》（「きよし」とも通称）先生は「盛信」を「信盛」と書いたのだろう。多分、1582年に、甲斐武田氏の滅亡を書いた軍記物語である『甲乱記』に「信盛」として登場しているので、これにちなんだのではないだろうか。

『花の若武者・仁科五郎盛信』（春日太郎著・伊那毎日新聞社）によれば、「郷土にある古い史料には殆ど『信盛』となっている。武田の通字は『信玄・信繁』と信の字が上につく。仁科の通字は『盛遠・盛政』と盛の字が上につく。仁科の郷の史料には、『仁科神明宮の棟札』を始め皆『盛信』となっている。信盛が間違いとは思わないが、仁科の名跡を継いだのだから、『盛信』が史実に合っていると思う」とある。

以下ここでは、「盛信」として統一していくことにする。

武田信玄の5男として生まれた幼名「五郎」（「晴清」とも称したと言われる）は、勢力拡張政策の一環で、安曇野の仁科氏を継ぐことになった。仁科五郎盛信の誕生だ。この安曇地方から北は越後に近く、上杉謙信の影響力が強い地域となるから、ここを守るのはとても重要なことだった。

武田信玄は、5度に及ぶ川中島の合戦を戦いながら、信濃国の大きな支配権を手にし、いよいよ天下取りのために東海地方に出て、三方ヶ原の戦いで織田信長・徳川家康連合軍を破る。しかし不運だったのは、その翌年に信州駒場（現在の阿智村）で、病に倒れてしまったことだ。信玄を継いだ武田勝頼が、長篠の戦いで織田・徳川連合軍に敗北。勝頼は、武田氏の拠点となっていた伊那の高遠城を守れと盛信に指示する。信濃武田勢で織田信長に最後まで抵抗したのは盛信だけだった。最後は織田軍の猛攻にあい、高遠城の大広間で割腹し、自分のはらわたを投げつけて息絶えたという。26歳の若さだった。

織田信長が武田領だった信濃へ進出を決めた時、信玄の娘婿だった木曽義昌は織田に寝返り、御一門衆だった穴山梅雪も裏切り家康に通ずるなど、次々と武田の武将たちが織田・徳川陣営の軍門に下っていった。戦国時代の最強軍団と恐れられた武田家は、身内の裏切りで滅んでいったといっても過言ではない。そんな中でも最後まで忠誠を誓い、一人で戦い抜き非業の最期を遂げたのが、この仁科五郎盛信なのだ。

高遠城を落とされれば、兄の勝頼も、甲斐国も、そして武田家もみな終わってしまう。そう考えた盛信はたった3千しかいなくなった兵で、織田軍の5万の兵を迎えた（諸説あり）。そこには、織田信忠、河尻秀隆、森長可といった名だたる武将たちがいた。「勝ち目はない！　降伏せよ！」の勧告に耳を貸さず、全てを背負って戦い抜いたんだ。

実はその後、滅んだかに見えた武田家を味方につけた武将がいる。武田家の武勇や能力を認めていた徳川家康だ。

武田家最強軍団である「赤備えの武士」が、のちに徳川の元で活躍する。

徳川家康はこの時、高遠城で最後まで孤軍奮闘した仁科五郎盛信を、武士の忠誠心の鑑として語り継いだという。

徳川の天下がやってくる江戸の世になると、その盛信の武勇と名声は武士たちの語り草となった。

高遠城址はいま、天下第一の桜の名所として全国からの観光客で賑わう。そのついでと言ったら盛信の偉業に失礼なのだが、是非ともここに戦国随一の武将がいたことに思いを巡らせてほしい。

そして、その高遠城址公園の道路を挟んだ南側にある、小さな山に登ってほしい。少しわかりにくいが、カーナビで指示すれば山頂近くまで車で行ける。

そこからは徒歩でおよそ3分登るだけ。

壮絶な戦いが終わった後、織田軍が引き上げていくと、村人や農民たちは盛信や武士たちの屍を探して火葬にした。そして、この小さな山に埋めたのだ。

以来ここは、盛信を偲ぶ村人たちから「五郎山」と呼ばれるようになった。

ずっと後に幕末藩主が4つの祠と諸士の墓を建て、霊を祀り、盛信は小山田備中、渡辺金太夫、諏訪はな★1と共に眠る。

誰か手を合わせに来る人はいるのかと思うほど、その場所は隠れていて、とっても寂しい。

盛信の石像

しかし盛信の石像は、今にも動き出しそうな迫力だ。1881年に当時の勝間村が建てたという小さな祠には、「仁科信盛之祠」（ここでは「盛信」ではなく、「信盛」になっている）と刻まれている。

1935年、高遠出身の医学博士が建てたという大きな石碑には、「日本魂」と書かれている。「やまと魂」、まさにそれだ。

春になれば咲く天下一の高遠桜は、残念ながらこの盛信の墓からは見えにくい。せめてもっと、桜を見下ろせる場所にいさせてあげたかったなあ。ここへ来たら、一本の線香を手向けてほしい。

ちょっと寄り道

ここまで来たなら、せっかくだから高遠温泉に入って帰ろう。高遠城址の北西にある「さくらの湯」がいい。町営の日帰り温泉施設だから気軽に行ける。上質なアルカリ性の単純温泉でさっぱりと肌にも優しく、湯温も熱くないのでゆっくり浸かれる。

桜のシーズンに行けば、その名の通り満開の桜が浴場の大きな窓から楽しめて、晴れた日には遠く南アルプスを拝むことだってできる。湯上がりには大広間で持参のお弁当を食べる家族もいて、なかなかのローカル感なのだ。

平成の時代に入ってから開湯した歴史の新しい温泉ということだから、盛信はその傷を癒すことも叶わなかった。戦国時代に湧いていれば、「盛信癒しの湯」といった名前がついていたかもしれない。

また、高遠を訪れたなら、お土産は「まんじゅう」だ。高遠には老舗の和菓子の名店が多くあることは有名。

高遠まんじゅうの代名詞的名店は「高遠あかはね」。ここのまんじゅうは、皮がしっかりとしていて食べ応えがある。老舗で人気のお店「亀まん」は、逆に薄皮でしっとりしているのに軽く、可愛い亀の焼印が目印だ。「大

SHINSYU DEEP TOUR CHAPTER 05

西屋」の柏まんじゅうは、なんと中におこわが入っている。

さらにちょっと変化球。高遠城址からは離れるけど、子供達が考えたレシピとデザインでケーキを作る「夢ケーキ」という活動を行っている「菓匠Shimizu」のオーナー・清水慎一氏が作る和菓子も一度は食べてみてほしい。季節ごとに出される洋菓子・和菓子を求めて、店はいつも大繁盛している。

あと、僕が一番好きなこの地域のお土産が、JR伊那市駅から徒歩4、5分の「菓子庵 石川」の〝ちいずくっきい〟なんだ。伊那方面に行くとファンの方が差し入れしてくれるこのお菓子は、懐かしいようで新しいようなお菓子。表面がカリッとしたスポンジ生地に、甘すぎず、でもちゃんと主張してくる絶妙なチーズクリームがサンドされている。ああ、また食べたくなってきた。


あとは、「高遠そば」。

そもそも信州そばの発祥は、伊那地域と言われる。

奈良時代に山岳信仰が高まり、修験道の開祖と言われる「役小角《えんのおづの》」が奈良の都から東山道で信濃国に入った時、修行の場として西駒ヶ岳を霊場にした。この期間に世話になった麓の「内の萱」の人々に、お礼として蕎麦のタネを渡した。寒くて厳しい環境でも収穫ができる蕎麦は、その後も伊那の地から四方八方の山岳地帯に広まったという。

「高遠そば」は、その食べ方に特徴があるんだ。

高遠藩主・保科正之[★2]は、当時のおもてなし的な食べ方だった「辛つゆ」で食べる蕎麦を愛した。このつゆは、辛味大根のおろしと焼き味噌を混ぜたものだ。

激辛のねずみ大根のすりおろしと生味噌を入れたつゆで食べる、坂城町や戸倉上山田温泉の名物「おしぼりうどん」も有名だけどね。

保科正之は、1636年以降、山形最上藩や福島会津藩へ移った時もそば職人らを連れて行ったらしい。今も残る山形の「寒ざらしそば」と、会津の文字通り「高遠そば」は、この保科正之が広めたものなんだ。

元祖・高遠そばを食せる名店は、高遠城址公園周辺に多数存在する。

数ある名店の中でも、「高遠そば ますや」は超人気店だ。天ぷらもかけ蕎麦もない、まさに高遠そばのざるそばだけの店。当日の朝に石臼で「玄」「抜き」「田舎」の3種の粉を引くことで、味も食感もそれぞれに違い、そばの奥深さを教えてくれる。

一度チャレンジしてみてはいかが。

春台太宰先生

さて、3人目の人物は、太宰春台だ。

名門、飯田高校の校歌にも出てくる太宰春台。

経世家であり儒学者である春台は、1680年、飯田藩士である太宰言辰の次男として生まれ、幼少期を飯田で過ごした。

教育熱心な家庭では、『孝経』や『論語』などを読み、武道の稽古にも汗を流した。春台が9歳の時、父が飯田藩を出て江戸に移ったので、そこからは各地を回りながら学問の道に奔走したという。江戸に戻ったのち、荻生徂徠《おぎゅうそらい》★3に師事し、36歳の時に江戸の小石川で塾を開いた。

春台の学問は、国をおさめ民を救うという「経世済民」を元にしている政策論であり、誤解を恐れずに言えば「経済」という言葉を世に広めた人物ということだと思う。主著の『経済録』は、経済を学問的に体系化して施策の指針を示したもので、後世の日本の経済学、政治学に多大な影響を与えたという。

例えば、この本の中でこう言っている。

「百工は国の宝なり、古より国家を経営する人は百工を招来することを務とす」

つまりは、資源に乏しい日本という国は、技術力を磨き高めていく他はない、と説いていて、日本の科学立国化をすでに提言している。

なかなか信州では語られない春台だけど、江戸時代にすでに国の行く末を憂い、また国の可能性を学問によって提唱したその功績は計り知れない。

68歳の時に江戸で生涯を終え、墓は東京都台東区の天眼寺にある。

では、9歳までしかいなかった飯田市には何かあるだろうかと調べてみると、居住地跡と松があるという。松？　そう、当時の太宰邸には樹齢300年の老松がそびえ立っていた。その松は、1947年の飯田大火で焼失してしまったというが、その後の街の再生にあたって新しい一本松が植えられたそうだ。

その邸宅跡は、道しるべもなく存在している。飯田の街中をぐるぐると宝探しのように巡ってようやく、銀行（長野ろうきん飯田支店）の敷地前に見つけた時には思わず大声で「あった！」と叫んでしまった。

商店街にほど近いのに行き交う人はほぼ足を止めることもないだろう。新しく植えたという春台の一本松だけは立派だが、なんでここに一本だけ大きな松が植えられているんだろうと不思議に感じるくらい、他には何もない場所で、古い石碑に「太宰邸址」とあるのみだ。もっと、「ここにあるよ！」感を出してもいいと思うのだが。

さて、その太宰邸跡は、あのりんご並木からそう離れていない場所にある。

飯田を語る時に飯田大火からの復興は避けられず、そしてりんご並木こそが復興のシ

SHINSYU DEEP TOUR CHAPTER 05

ンボルなのだ。

河岸段丘が特に発達した地形で高い丘の上にある飯田市は、木曽と共に信州では最も上方に影響を受けた地域で、格子状の長屋作りの街並みは、美しい小京都ともうたわれた。木造建築ながら住居間の幅は狭く、度々大火に見舞われてきた歴史がある。飯田の人々に触れれば、どこか関西方面のノリを感じさせる。

1947年4月20日、午前11時48分、一軒の民家を火元にした火事は、丘の下から吹き上げる風に煽られて瞬く間に延焼し、10時間も燃え続け3742棟が全焼、死者行方不明者3名、実に街の7割を焼失したのだった。失意の中で翌年から行われた復興策では、街の中心に2本の防火帯道路を敷き、中心地で交差点を作って街を4分割した。

この道路の緑地帯部分に、飯田市立飯田東中学校の生徒が、「美しい街を取り戻すために、ここにりんごの木を植えたらいい」と提案した。

時代は戦後間もない頃、ただでさえ食うにも困っていた時代に、瓦礫の上にりんごを植えるなどという中学生の発想は、議会の大人たちには理解できなかった。「りんごの管理は大変だ。誰が面倒を見るっていうんだ」とか、「皆、ひもじい思いをしている時に、りんごが実ったら盗まれるに決まっている」という意見だった。

それを聞いた中学生は、総会を開き、「りんごが盗まれるというのなら、盗む人がいないような街を作ることが、本当に美しい街を作ることではないですか?」と対抗した。

この話を聞いた時、僕の心は大きく揺さぶられた。僕はこの物語を歌詞にして「りんごの花」という歌を書き、テレビ番組で披露したことがある。

空の入道が成長してくよ　風が薫って
むかし　あの人も同じ景色を見たのだろう
山の緑色　勇気付けるよ　胸のざわめき
どうかその笑顔　永遠に続きますように
悲しみよ　こんにちは
そこに樹を植えようか
桜の花の儚さが好きだと　君は話していたね
けれど咲いてる　白く静かに　りんごの花が咲いてる

現在も飯田東中学校の生徒たちがこのりんごを管理している。収穫できたりんごは、地元の福祉施設などに配布されることはもちろん、東日本大震災や様々な災害被災地にも送られている。

飯田市立動物園から伸びる中央通り400メートルにわたって続くりんご並木には、2016年、当時の天皇皇后両陛下が訪問され、その年のお誕生日会見で「昭和20年代という戦後間もないその時期に、災害復興を機に、前より更に良いものを作るとい

りんご並木

太宰春台居住地跡と松

う、近年で言う〝ビルド・バック・ベター〟が既に実行されていたことを知りました」とおことばを述べられ、その記念碑も設置された。

飯田という地名はそもそも「結田《ゆいだ》」に由来するという説がある。田んぼで皆が手を貸しあって協力することを「結い」と言ったらしく、その皆の結いによって豊作が叶う田んぼがあった地域ということだろう。

大火からの奇跡的な復興は、ここに暮らす人々の「結い」なくしては決して成し得なかっただろう。

そう考えると、飯田市でも良いけれど、「結田市」という名前でも最高だったんじゃないかなあと思う。

ちょっと寄り道

飯田出身の偉人で、信州人にもあまり知られていなくて残念なのが、僕が毎日欠かさず飲んでいる「ヤクルト」の父、代田稔《しろたみのる》だろう。

養蚕、水引問屋に7人兄弟の三男として生まれた彼は、旧制飯田中学校を出て、京都帝国大学医学部を卒業した秀才。

同大学の講師をしている時に、予防医学の観点から、胃液などに強くて病原菌を退治する生きた菌を見つけ出す研究に明け暮れた。

そしてついに、「ラクトバチルス・カゼイ・シロタ株」を発見する。そう、これがあの「ヤクルト菌」だ。

この菌をおいしく腸まで送り込む製品開発に乗り出すと、それがヤクルト飲料になった。そして1955年に株式会社ヤクルトを創業したんだ。

ちなみにヤクルトという名称は、エスペラント語でヨーグルトを意味する「ヤフルト」をもじったものだ。

「貧しい人でも健康を手に入れられるよう、葉書一枚、タバコ1本の値段でも買える」。それが、ヤクルトを安価に売り出した代田稔の理念だったという。

1982年、82歳でこの世を去った彼の功績を見にいくことができる。

信州から中央道を東京へ向かうと、国立《くにたち》のあたりに「ヤクルト中央研究所」が見えてくる。ここに代田記念館がある。

代田氏が使った顕微鏡やノートが展示されているが、信州人にとって最も感動的なのは、その記念館の入り口に飾られたヤクルトのオブジェだ。

なんと、信州産ヒノキで作られているのだ。

象山佐久間先生

さあ、4人目は佐久間象山だ。

1811年、松代藩士佐久間一学の待望の長男として生まれた。

「信濃の国」では、「ぞうざん」と歌っているけど、正しくは「しょうざん」と読む。「ぞうざん」と呼ぶのは、ほぼ長野県人だけだという人もいる。

佐久間象山の偉大さは、その先見性と実行力にある。

朱子学と洋学（蘭学）を猛勉強し、得た知識を実行に移すバイタリティは、多くの門弟に刺激を与え、29歳で江戸に象山書院という塾を持つ。

そして、藩主に海防の必要性を説く「海防八策《かいぼうはっさく》」を上申した。

36歳の時に一度故郷に帰ると、彼は様々なことを手がける。現在の湯田中から志賀高原、山ノ内町一帯を開発して杉を植林したり養豚を始めたり、伝統に傾倒しすぎた古い大砲技術を改め、西洋の最先端技術を取り入れた大砲の鋳造に成功して実射したり、電信機を製作して実演してみせたり、さらには地震予知機を作ったりもした。

41歳の時に江戸にまた塾を開き、そこからあの勝海舟や坂本龍馬、吉田松陰、橋本左内らを輩出している。勝海舟が幕臣でありながら、鎖国中においても外国の情報収集に長けたのも、龍馬の海の外への憧れも象山の教えの影響だろうか。

関係があるかはわからないが、大政奉還の直前、龍馬が発案したという「船中八策」も、象山の「海防八策」と同様に「八策」なのは偶然ではないのではないか。

吉田松陰に至っては、1854年ペリー再来航の時に黒船に乗り込んで米国に密航しようとしたのは、象山の勧めがあったからとされている。松陰の身柄は幕府に引き渡され、密航に絡んでいたとされた象山も投獄されている。ペリー来航後に開国論を唱えて、横浜港の開港を主張したのも象山だ。

44歳から9年間、松代に謹慎（蟄居）を余儀なくされながらも、高杉晋作や久坂玄瑞、中岡慎太郎らが象山の元を訪れて、日本の夜明けについて激論を交わしたという。

1864年、ようやく幕府に招かれて京都に入り、一橋慶喜や山階宮、中川宮らと会い、「まず都を近江国に遷都して、ゆくゆくは江戸に遷都し、朝廷を尊奉しつつ実権は幕府が握る」という公武合体策を説いた。このことが、尊皇攘夷派の逆鱗に触れ、54歳の時に京都三条木屋町で暗殺されてしまう。

実は、この時象山を斬った人物が河上彦斎《かわかみげんさい》であり、漫画『るろうに剣心』の主人公・

緋村剣心のモデルだ。

白昼堂々と馬にまたがって京都の街を闊歩していたところを、「この西洋かぶれが！」と突発的な理由だけで斬られてしまったという。

河上はのちに、自分が斬ってしまった象山の人物と素性を知って、それから人を斬れなくなったと言われている。

佐久間象山の根底にあった思想は「和魂洋才」と言われる。

日本の道徳心を忘れず失わず、西洋の最新技術や軍事力を取り入れるという考えだったのだろう。象山が没してから4年後、明治維新が起こり、それ以降急速に近代化していく日本の根本的な思想となったのも和魂洋才である。


さて、佐久間象山を祀る神社がある。

象山神社

佐久間象山宅跡

象山没後50年を記念して、元大審院長の横田秀雄博士が先頭に立ち、学校や教育者、信濃教育会らの尽力によって、県社として1938年に「象山神社」が象山の生家があった場所に建立された。

本殿と宝殿、さらには拝殿と斎館、絵馬殿に至るまで、ほとんどが国の登録有形文化財だ。象山が暗殺される2ヶ月前まで過ごしていた茶室の「煙雨亭」は、1981年に京都の木屋町から移築されたものだ。

松代にあるこの神社を訪れれば幕末の歴史に触れることができると、全国からのファンの姿もよく見受けられる。

2010年の象山生誕200年記念大祭に先立って建立された大きな銅像に迎えられ、鳥居をくぐるとすぐに目に入るのが「象山先生誕生地入口」という木製の看板だ。誘われるがままに進んで行くと、何もない空き地に「佐久間象山宅跡」という碑が建っている。象山の父は剣術の達人で、易学で知られる名門の家と言われた。当時は、表門の脇に剣術場と学問所があり、そこで象山は文武両道を叩き込まれたのだろう。2度目の江戸留学の29歳までここで過ごしていたというから、まさしく象山にとってはここが生まれ育った場所だ。

暗殺後、佐久間家は断絶となり、屋敷は藩に没収されて取り壊されてしまった。空き地のようになった今、小石で示された間仕切りがあり、当時を偲ぶことができるのは残された井戸だけだ。

SHINSYU DEEP TOUR CHAPTER 05

参道を奥に進むと、片隅に池がある。国登録名勝となっている「心の池」だ。松代という城下町には、神田川という河川が流れていて、江戸時代からこの川の水を城下町中に供給していた。神田川の水を引き入れる「泉水」という形式を用いて庭を作る邸宅が、松代の街には多く見られたという。現在そのほとんどが個人邸宅にあるので、現存して見ることができる「心の池」は貴重なのだ。

この神社で幕末好きの歴史ファンにとってたまらないのは、象山を見出した松代藩主の真田幸貫公を囲むように置かれた、幕末の英傑たちの胸像だ。

紳士服のAOKIホールディングスの会長である青木擴憲氏が、社会貢献活動の一環として寄贈したという。そこには、象山はもちろん、門下生だった吉田松陰、勝海舟、橋本左内、小林虎三郎、坂本龍馬らの胸像、そして蟄居中の象山を訪れた高杉晋作、久坂玄瑞、中岡慎太郎のレリーフがある。僕も中学2年の時に歴史の先生の影響で読んだ『竜馬がゆく』を懐かしく思い出して、暫《しば》し少年のようにはしゃいでしまった。もちろん境内だから静かにはしゃいだのだけれど。

松代といえば城下町なのだが、養蚕で栄えた町でもある。

養蚕が日本の国の根幹を支えていた時代、富岡製糸場へと女工を送るように松代にも御達しがあり、16人の十代半ばの年頃な女性たちが向かった。

この中にいたのが、和田英《わだえい》だ。

彼女はその当時のことを細かく日記に残していて、これが『富岡日記』だ。当時の富岡製糸場をはじめとする、養蚕隆盛期の生活や空気感、女工たちの生活、勤労状況を知ることができる題材とされ、歴史的にも価値の高い文献と言われる。日記には、社会人としての躾や倫理観、勉学の機会も与えられていたという記述もある。

和田英の生家は、松代で旧横田家住宅として重要文化財になっていて一般開放されている。松代藩真田家に仕えた中級武士の家で、江戸時代後期のものだけど、改造箇所が少なく当時の屋敷や暮らしを知る上でも貴重な遺構だ。

そして、和田英の墓は、佐久間象山と同じ松代の蓮乗寺にあるんだ。

松代は城下町だったため、文武学校や隣接する松代小学校を始め、江戸の風情をふんだんに残した街並みが美しい。松代城址公園や真田宝物館などの観光スポットがあり、千曲川が運ぶミネラルたっぷりな土壌が作る美味しい長芋料理も楽しめる。静かな大人の旅に最適だ。

ここでも、やはり温泉だ。

それも、知る人ぞ知る「めっちゃ効く」本気の温泉に入ろう。

秘境・秘湯の世界を味わいたいなら、迷わず「加賀井温泉・一陽館」★4をおすすめする。

全国の秘湯マニアがわざわざやって来るこのお湯は、黄金色。ナトリウム・カルシウム塩化物泉で、ドバドバと出て来る源泉掛け流しの湯は40度くらいでぬるめだが、長く入るとその後の活動ができなくなるくらいドッと疲れが出るほど強い温泉だ。入り方を間違えないためにも、湯守がいるので遠慮なく質問して楽しもう。露天風呂は源泉をそのまま体に受ける純度の高い湯船で、ほぼ野ざらしの混浴だ。油断しているとタオルを巻いた温泉ガールに出会ってしまうぞ！

一陽館の古びた建物と容姿は本当にノスタルジックで、大正・昭和を愛するファンにもたまらない。その一方で、「自分だけが知っているとっておき感」が感じられる秘湯中の秘湯だ。本当に体を良くしたい時に、湯治場へ行くぞ！と期待して訪れてみても決して裏切られないだろう。

松代温泉だとその他には、「松代荘」もおすすめだ。こちらも強力な泉質を自慢としている。日帰り入浴もできるけど、松代荘へ行くなら、ゆっくり宿泊して体を癒してほしい。

加賀井温泉・一陽館の露天風呂

ちょっと寄り道

必ず訪れてほしい場所がもうひとつある。「松代大本営跡」だ。

第二次世界大戦末期、日本軍は連合国軍が本土に上陸してくる危機感を持っていた。海に近い東京は、防衛の観点から脆弱であると考えた日本軍が、指揮中枢機能を守るため地方にシェルターを作る計画を立て、その場所が松代の象山、舞鶴山、皆神山の地下に決定した。

ここが選ばれたのは、以下の理由からだという。

1・本州の陸地の最も幅の広いところにあり、近くに飛行場（長野飛行場）がある。
2・硬い岩盤で掘削に適し、10トン爆弾にも耐える。
3・山に囲まれていて、地下工事をするのに十分な面積を持ち、広い平野がある。
4・長野県は、労働力が豊か。
5・長野県の人は、心が純朴で秘密を守ることができる。
6・信州は神州に通じ、品格もある。
7・松代に、縁起の良い「松」という文字が含まれている。

4番の理由は、養蚕で隆盛を極めた信州のイメージがあるからだろうが、5番の理由はほとんどいい加減だ。実際は、松代で「天皇陛下と大本営が東京から移って来る」と、えらい噂になっていたという。

6番の理由は、もうこじつけとしか言いようがない。とにかく、急いでなんとかせねば、という思惑が垣間見える。

ただ、1番の理由にある飛行場は、本当に存在していたんだ。

長野市稲葉にあったこの飛行場は、「愛国長野飛行場」という名前で、1939年から運用が始まり、2年後に日本陸軍に接収された。

実際、松代大本営建設に伴い、滑走路の拡張工事が行われて1945年4月に完成したものの、その4ヶ月後に終戦を迎える。終戦の2日前、8月13日には長野空襲で被災している。そして、1990年にその役目を終えた。

現在は「長野飛行場跡」の石碑が建ち、団地や一軒家が立ち並ぶ住宅街になっている。しかし、まっすぐに伸びる道路と、団地が建つ場所が不自然な円形の土地であることを見れば、滑走路と飛行機の方向転換場所であったことがうかがえる。

さて、象山、皆神山、舞鶴山が掘削されたのち、皆神山は地盤が脆かったため、舞鶴山に皇居と大本営を移転する計画がなされ、コンクリート製の庁舎が建設された。その地下には、天皇御座所、皇后御座所、宮内省などが作られた。現在は、1965年から5年以上も続いた松代群発地震を経て、国の精巧な地震計が置かれている。

象山の地下には、松代大本営地下壕が残っている。ダイナマイトと掘削機で掘り進められた苦労がよくわかるように、壁がギザギザのトンネルを進んでいく。どこまでも続くような暗がりだ。奥に進むにつれて寒く、湿った空気に包まれていく。

過酷な工事は、終戦と同時に、完成まであと25％のところで終止符が打たれた。ここには、政府機関、日本放送協会、中央電話局などの機関が移される予定だったという。

今は、長野俊英高校の生徒たちがその歴史を学び、全国からやって来る観光客に当時のことを伝える活動

松代大本営地下壕

をしている。
平和を希求するための戦争遺産として、その存在を多くの人々に知って
もらいたい。

★1 諏訪勝右衛門の妻であり武将。

★2 徳川二代将軍・秀忠の庶子。高遠藩主・保科正光の養子となり、1631年に高遠藩主となる。その手腕は、兄である三代将軍・家光に信頼され、山形藩主、会津藩主を務めたのち家光とその息子・家綱を補佐した。名君と名高い。

★3 1666年－1728年。江戸時代中期の儒学者、思想家。

★4 松代温泉はその昔、加賀井温泉と呼ばれていた。

SHINSYU DEEP TOUR CHAPTER 06

第6章

「信濃の国」6番をディープに旅する

SHINSYU DEEP TOUR CHAPTER 06

吾妻はやとし日本武
嘆き給ひし碓氷山
穿つ隧道二十六
夢にもこゆる汽車の道

みち一筋に学びなば
昔の人にや劣るべき
古来山河の秀でたる
国は偉人のある習い

さあ、いよいよここまで来ました。
県歌、「信濃の国」最終章、6番です！

吾妻《あずま》はやとし日本武《やまとたけ》　嘆き給いし碓氷山《うすいやま》

『日本書紀』によれば、日本武尊が九州を治めたあと、父の景行天皇から東国の蝦夷平定を命ぜられた時、「天皇は、僕に死ねと言っているのですか？」と嘆いたという。それほどに、東へ向かう旅というのは苦難の多い道程だった。

「信濃の国」1番のところで少し触れたけど、日本武尊が相模から上総に渡る時、「小さい海しかないわい！　簡単に越えていけるぞ！」と大口を叩いた。これが海の神様の逆鱗に触れて、暴風雨が巻き起こり、海が大いに荒れた。連れだっていた妻の弟橘媛は、「私が生贄になります」と言って海に身を投じたところ、たちまち静かになって対岸に渡ることができた。

その後、日本武尊がいよいよ信濃国に入る時、生贄となって自分を救ってくれた妻を思い出し、「吾妻はや！」と3度嘆き叫んだ。その場所が、旧碓氷峠の群馬県境にある熊野皇大神社だということだ。それで、碓氷山から東の地域のことを「吾妻の国」から「東《あずま》の国」と呼ぶようになった。

神話の世界ではあるけれど、東山道、中山道ともに国の重要な幹線であり、この峠越えが大昔から大変な苦難を伴うものだったということは事実だろう。

碓氷関所（横川の関）は、江戸幕府が諸大名の謀反を警戒して鉄砲の持ち込みと、諸大名の妻女が関外に出ることを禁じた。いわゆる「入り鉄砲に出女」を取り締まった関所である。ここを過ぎさえすれば軽井沢宿が待っていて、沓掛宿、追分宿と大いに賑わった。いま訪れれば、当時の賑々しさはないが、軽沢銀座や綺麗な別荘地ばかりが軽井沢ではないということを知る静かな旅ができる。

「信濃の国」6番の歌詞は、そんな困難な道に鉄道を通した人々の叡智のように、また、古来流れをとめない川や悠久にそびえる山々のように、この国から出た偉人たちを見習って頑張ろうではないか！　と信州人を励ましている。

穿《うが》つ隧道《トンネル》二十六　夢にもこゆる汽車の道

さて、その鉄道の話だ。

明治に入って、国威発揚の主な事業は鉄道敷設であった。

1888年、直江津《なおえつ》—軽井沢間148・3キロの直江津線が開通。

長野県は全国的に早い段階で鉄道時代に入った。5年後には、軽井沢—横川間が開通して、直江津線は信越本線と名前を変えた。「信濃の国」が歌われはじめた頃は、信州の製糸業がもっとも潤った時代で、東京への輸送手段が熱望されていた。1899年段階で、信越本線には軽井沢から御代田、小諸、田中、大屋、上田、坂城、屋代、篠ノ井、長野、吉田（現・北長野）、豊野、牟礼、柏原（現・黒姫）の駅がすでにできていた。

和田峠を経由して繭の原料を諏訪地域に輸送するためにできた上田市の大屋駅は、国内で初めて市民の陳情によって実現した「請願駅」と言われる。

柏原という名前だった黒姫《くろひめ》駅は、かつては御代田駅からここまでが信越本線の長野支社管轄で、ここから先が新潟管轄となる境界の駅だった。現在はしなの鉄道北しなの線の駅となり、スキー場やナウマン象発掘で有名な野尻湖への玄関口である。

黒姫駅といえば必ず立ち寄るのが「生そば 信濃屋」。そば屋さんと言いながら、もちろんそばは絶品だが、定食もののメニューが盛りだくさん。カレーもカツ丼も、かたやきそばも全てがオリジナルで大盛り。テレビのロケで黒姫を訪れた有名人たちのサインが壁中に飾ってある。そのどこか片隅に僕のサインもあるはず……。

信越本線のトンネルと橋

北陸新幹線に乗り、安中榛名駅を通過して軽井沢駅に向かう時、耳がツーンとした経験がある人も多いのでは？　それもそのはず。その通過地点は全国の鉄道で最も急勾配を駆け上がっているため、気圧が鼓膜にのしかかっているのだ。

この現在のルートは、１９９７年に廃止されたルートに並行して作られたものだ。かつてのルートでは、信越本線横川駅の標高が３８７メートルで、わずか11キロ先の軽井沢駅の標高が９３９メートルであった。11キロの距離に、標高差が５５２メートルというのは、１キロ移動するのに50メートル以上登らなければならない計算となる。日本が世界に誇る鉄道技術・新幹線だからこそ簡単に登っていけたわけだ。

しかし、明治の時代、ここに鉄道を敷くことは簡単ではなかったと、容易に想像できる。諦めることなく困難に立ち向かい鉄道を敷いた歴史を学べるスポットがある。

群馬県安中市松井田町横川にある「碓氷峠鉄道文化むら」である。

世の鉄道ファンなら必ず行ったことがあるだろうこの鉄道博物館は、たとえ鉄道にそんなに興味がない人でも「大人の修学旅行」として絶対に楽しめる。だって、この僕がまさにそれだもん。

鉄道資料館には、精巧に作られたジオラマや貴重な資料写真があり、当時の工事がいかに大変だったかがわかる。

１８８５年に高崎から横川間、１８８８年には先に述べたように直江津から軽井沢間に鉄道が通された。険しい碓氷峠を越えるレールを敷くとき、採用された方法が「アプト式」だった。スイス出身のカール・ローマン・アプトの名をとった鉄道技術で、歯車型の車輪とレールの中央にラックレールというこれまた歯車を噛み合わせ、１歩ずつ車両を上げていくイメージだ。ヨーロッパアルプスの山岳地帯に鉄道を走らせようと開発されたものだ。

しかし、これだとたったの時速10キロ弱。人が走るのと大して変わらない。だから、この横川から軽井沢の11キロの距離をおよそ80分もかけて登ったのだ。

そしてこの峠には、「信濃の国」に歌われているように26ものトンネルが通された。また、歌われてはいないが、18箇所の橋も架けられている。

これらの工事は国の威信に関わっていたから、恐るべき速さで終わり、５００人を超える犠牲者を出しながら、１８９３年に開通させてしまったという。

熊ノ平駅跡に「碓日嶺鉄道碑」が建っている。その碑には、「隧道凡そ二十六、其の長さは合わせて一万四千六百四十四尺余りなり。橋十八を碓日に架す。最距なるもの三橋あり。柱は煉を畳み之を作る。」とあって、さらに、「車は阿武止《アプト》氏機関車を用う。阿武止は獨逸人なり。（中略）此れ今を距る僅かに八十九年、海外処邦其れ未だ広く用

松代大本営地下壕

いずと云う。工費凡そ二百万」とある。

レンガを積み上げて作った大きな橋と、峠を貫いていくトンネルを是非とも見にいってほしい。その当時、世界のどの国も成し得なかった橋梁とトンネルを作り、不可能とされた場所に鉄道を通した先人たちのロマン。それをたっぷりと味わえる場所だ。

旧信越本線の碓氷第三アーチ、通称「めがね橋」は特におすすめ。

1892年12月に完成した、長さ87・7メートルの巨大な橋を下から見上げる。当時の土木工事技術の全てを結集して、200万個以上のレンガを使った国内最大のレンガ造りアーチ橋で、1963年に使用されなくなった。でも、その存在感たっぷりの威容は、峠を越える鉄道の往時を偲ばせる芸術作品となって、多くの観光客に感動を与えている。

この橋の上は歩いて渡ることができ、しかもトンネルの中も散策できるようになっている。信州は日

碓氷第三アーチ

本一峠の数が多いということを噛み締めながら歩いてみることを強くお勧めする。

篠ノ井線の廃線

廃線跡を見に行ける面白い散歩コースが他にもある。

ＪＲ篠ノ井線だ。あずさ号もしなの号も走っている現役路線に、なんと廃線箇所を散策できるスポットがある。篠ノ井線は、関東や中京圏の湾岸からの石油類を油槽がある南松本駅と坂城駅に輸送する、めちゃくちゃ重要な路線でもあるんだ。

そんな重要な路線なのに、実は廃線がある。

それがＪＲ明科駅「廃線敷遊歩道」だ。

明科駅を降りると「歩いてみよう　感じてみよう　旧国鉄篠ノ井線・廃線敷遊歩道」なんて看板があって、ちゃんと矢印で方向を教えてくれている。片道の行程が６キロもある！　結構な散策だ。

随所にある矢印看板に導かれて、高架橋をくぐったり民家のすぐ脇を歩いて行ったりすると、駐車場がある。ということは、ここまで車で来られるってことだ。

駐車場の先に、いかにも怪しい道が出てきた。完全に線路があったと思える雰囲気だ。

鹿島槍ヶ岳や燕岳が拝めるひらけた場所に出た。

すると三五山トンネルが目の前に。このトンネルも歩いて行くことができる。内壁の

SHINSYU DEEP TOUR CHAPTER 06

レンガに電球の明かりが当たって、一人じゃ寂しいなあ。

レールはなくとも、かつての路線を歩いているのがよくわかる。シャレなのか、途中には片付けていない踏切なんかがそのままで、そこだけはレールが残っていたりする。「東平」「けやきの森自然園」「漆久保トンネル前」と駅らしい表札を越えて、漆久保トンネルについた。

やはり明治時代のトンネルはレンガ壁が多い。よく上を見てみると、真っ黒なのは蒸気機関車の吐き出したススなんだろう。

「潮沢信号場跡」という駅の名残がある。ここでスイッチバックしたんだって。

ゴールは、「旧第2白坂トンネル」。一応、ここで遊歩道は終わりということだが、廃線はこの先の西条駅まで続いているらしい。

篠ノ井線は1902年に全通。ただ、西条駅から明科駅間は地滑りの被害が頻発したらしい。これじゃあまずいということで、1988年に、今の新しい路線に取って代わられたということだ。廃線となった道のりを、列車ファンのためにも遊歩道として整備するなんて、とても素敵だ。

幻の善白鉄道

たった7年間だけ、たった7キロの距離を走った列車が長野にはあった。

幻として語り継がれる「善光寺白馬電鉄」、通称「善白鉄道《ぜんぱく》」だ。長野県内を車で走っていると、「善光寺白馬電鉄」と書かれた大きなトラックをよく見かける。物流の大手の会社なんだけど、その前身が鉄道の会社だったからそのまま社名として残っているんだ。

1936年、長野市と白馬村を繋げようとする夢の路線が開業した。現在、善光寺白馬電鉄株式会社がある、長野市中御所にあった南長野という駅から裾花川沿いを登っていくようにして、裾花口駅までの7・4キロを開通させた時点で、1944年、戦況の悪化に伴う金属供出対象となって資材などを軍に持って行かれて、その先の路線延長が断念された。

そのあとも復活を願う市民運動が盛んに起こったけど、裾花ダムの建設が決まり、一部がダム湖の底に沈むことになり、残念ながら惜しまれつつも鉄道の夢は断念された。

鉄道とは言っているが、実は将来的には電化したいという計画だっただけで、結局稼働していた7年間はガソリンで走るガソリンカーだった。

その時走っていたガソリンカーの車両は、のちに電車に改良されて、上田丸子電鉄でしばらく活躍したという。

僕は、テレビ番組の企画でこの廃線跡を歩いてみたことがある。

印象的だったのは、今の長野市立山王小学校校庭に隣接したところにあったという「山王駅」の跡。善白鉄道が走っていた頃、市民プールがあった場所で、注意深く探索すればホームへ上がる階段跡がしっかり残っているのを見つけることができる。

ちなみにこの市民プールには、フジヤマのトビウオと言われた水泳の古橋廣之進が強化合宿で訪れたという記録があり、もしかすると善白鉄道に乗って宿舎に帰ったり、善光寺にお参りしたり、温泉へ出かけたりしたのかもしれない。

さらに廃線の路線をたどり、長野商業高校野球部グラウンドを突っ切ると、その横を流れる裾花川を渡る鉄橋があったことを物語る橋梁の土台だけが、川の中に2つしっかりと残っているのが確認できる。

1号トンネル、2号トンネルという遺構も残っているが老朽化が激しく、廃線散策は自治体等に確認が必要だ。

1998年の長野オリンピック開催が決定した際には、白馬が競技会場になることから、再び善白鉄道復活論が出てきたのだけど、さすがにお金がかかりすぎるということで却下されてしまったらしい。

信州は御長寿が多いから、幼い頃に善白鉄道に乗ったよという人がいるかもしれないね。話を聞いてみたいなあ。

ちなみにテレビの企画では、もし善白鉄道が全線開通していたらという設定で、全行程を白馬まで歩いていくという無謀な挑戦をした。

白馬は当時、「信濃四ツ谷駅」という名前だったらしいから、勝手に「信濃四ツ谷駅」という看板を作って、白馬駅の入り口に立てて撮影したっけなあ。今はバスで便利に行けるけど、もし、善光寺と白馬を繋ぐ電車がここに通っていたら、スキーに訪れる世界中の観光客にとっての思い出路線として、いろんなグッズやお土産が誕生していたかもしれないね。

幻の中の幻の電車

幻に終わって実現さえしなかった電車がある。

長野駅から善光寺へ向かうなだらかな上り坂。中央通り（善光寺表参道）と呼ばれる旧北国街道。昔の街道だから、道幅は狭かったはず。

でも、歩いてみると善光寺までの表参道は歩道もたっぷり広く確保されていることがわかる。それはなぜか。

1919年のこと、住民たちからの多くの拡幅要望に対し、県はこう答えている。

「将来的に電車を敷設する必要が出てくるだろうから、18メートル幅まで広げようか？」

なんと、長野駅からこの善光寺表参道に路面鉄道を敷く計画があったのだ！

1923年から2年間、街道沿いの地権者たちにセットバックしてもらい、見事に道幅は電車が真ん中を走れるほど広く整備された。

ところが、路面電車は実現しなかった。

たぶん、1929年から始まった未曾有の世界恐慌で、それどころではなくなったのだろう。

善光寺へと向かう表参道を歩く時、「ああ、この辺りに駅ができていたかもなあ」と感じながら歩いてみてほしい。

僕は、本当に残念に思う。もし路面鉄道が敷かれていたなら、令和時代にどれほどその車両が、善光寺へ向かう全国、いや、世界中からの観光客に親しまれていただろう。

もし、もう一度信州にバブル景気が来たら、僕ならば、松代城を復元してそこから川中島古戦場を経由、最後は善光寺大門を終着駅とする路面電車を走らせたい。いずれは排ガスを出す移動手段は世界から消えるだろう。自動車もガソリン車はなくなっていく。二酸化炭素削減のためにも、また長野市の観光資源のためにも電気で走る路面電車が走る未来を叶えたい。


旅は、過去を知る大きな教科書だ。

街は、突如としてそこに現れたのではなく、じっくりと歴史を積み重ねて熟成された場所だということを知る。

その上で、新しい時代を今生きている人たちで積み重ねていくものだ。

そんなことを感じながら、また「信濃の国」を口ずさむのである。

SHINSYU DEEP TOUR

あとがき

AFTERWORD

僕が信州に来はじめた頃、何故こうもバラバラな県なんだろうと思った。

平成の大合併を経ても、全国で2番目に自治体が多い長野県は、皆がそれぞれ「おらが村が1番」で、他の村や地域のことなど見向きもしないし興味もない。

でも、僕がここで初めて春を迎えた年、桜の開花前線が南から上がってくるのを見て、この信州は桜の咲く時期もバラバラなんだと知った。天龍村が満開なのに、栄村は雪に覆われている、とかね。

なんて奥深い自然を持っているのだろう。こんなにカラフルで、変化に富んだ地球を感じられるのに、こうも静かでのどかだなんて。

金子みすゞさんの言葉を借りれば「みんなちがって、みんないい」。

信州に住み、信州を旅して、それこそが信州の魅力なんだと素直に思った。

だからこそ、小さくまとまらず、故郷に誇りを持ち、このポテンシャルの高い信州を世界に発信し直さなければならない。

「信濃の国」の詞が書かれたのは1899年で、その翌年の1900年に曲がつけられている。19世紀の最後であり20世紀の幕開けを待つ時代だ。

同じような幕開けの瞬間は、僕らも味わった。

1999年から2000年、そして2001年へと世紀が変わる瞬間のあの人々の高揚感を覚えている。しかし、その浮かれた気分とは逆に、2001年のアメリカ同時多発テロという人間の愚かさを露呈する大事件からこの21世紀は始まった。

今なお、世界はこの21世紀を、混迷を抱え生きていると思えてならない。

では、「信濃の国」が書かれた19世紀から20世紀への転換期に、社会の期待感はどうだっただろうか。

日本の中心にある信濃国から四方に道があり、様々な人が行き交うことで多様な文化を取り入れ、降った雨は分水嶺を起点として流れ、やがて大河となって国の大地を肥沃にし、大海に注ぐ。国の命を繋いだ製糸業の先端を担い、その運搬のために四方の山々を貫いて鉄道がいち早く敷かれていった。

歌詞の内容をもう一度よく噛みしめてみれば、希望と自信に満ち溢れた明るい未来を描く人々の姿が想像できる。

「信濃の国」を口ずさみながら、この地を旅してみると、深くて面白い県だなあと、改めて気づくことになるだろう。だから、21世紀から22世紀へ向かう信州は、「信濃の国」に描かれているのと同じように、前向きで自信に満ち溢れていてほしいと思う。

僕はここでひとまず旅を終えることにする。しかしまた、明日からでも思い立ったらバッグを担いで出ていくだろう。

ここで訪れた場所だけが信州ではない。いや、ほんの一部分しか旅していない。信州の魅力は尽きない。

最後に、このディープな旅をするにあたり、突然気ままに現れて取材を申し入れた僕に対し、おもてなしの心満載で対応してくださった各地域の皆様と、執筆にあたり我儘を受け入れてくださった太田出版の森様、そして、いつも通り熱い応援とご指導をくださった平安堂の長崎様、中村様に感謝を申し上げます。

松山　三四六

取材訪問先／取材協力／参考文献

※本文内登場順、情報は2021年1月時

［取材訪問先］

熊野皇大神社（長野県北佐久郡軽井沢町峠町1）
しげの屋（長野県北佐久郡軽井沢町峠町2　電話：0267－42－5749）
渋峠ホテル（長野県下高井郡山ノ内町平穏 志賀高原渋峠　電話：0269－34－2606）
横手山頂ヒュッテ（長野県下高井郡山ノ内町大字平穏7149－17　電話：0269－34－2430）
美ヶ原温泉 翔峰（長野県松本市大字里山辺527　電話：0263－38－7755）
松本市四賀化石館（長野県松本市七嵐85－1　電話：0263－64－3900）
萬里（長野県伊那市大字伊那坂下入舟町3308　電話：0265－72－3347）
本坊酒造株式会社 マルス信州蒸溜所（長野県上伊那郡宮田村4752－31　電話：0265－85－0017）
平尾温泉 みはらしの湯（長野県佐久市下平尾2682　電話：0267－68－0261）
食材工房 光志亭（長野県佐久市協和2359　電話：0267－78－5415）
ほっとぱ～く浅科（長野県佐久市甲2177－1　電話：0267－58－0581）
五郎兵衛記念館（長野県佐久市甲14－1　電話：0267－58－3118）
布引山釈尊寺（長野県小諸市大久保2250）
福嶋屋（長野県東御市本海野1121　電話：0268－62－0514）
善光寺（長野県長野市長野元善町491）
ぽんぽこの湯（長野県中野市大字間山956　電話：0269－23－2686）
高野辰之記念館（長野県中野市永江1809　電話：0269－38－3070）
田りた麺之助（長野県中野市安源寺429　電話：0269－38－1375）
森将軍塚古墳館（長野県千曲市大字屋代29－1　電話：026－274－3400）
姨捨サービスエリア（長野県千曲市大字八幡字柳田7340）

茶臼山恐竜公園（長野県長野市篠ノ井岡田2358　電話：026－293－5168）
たかの湯（長野県木曽郡王滝村3168－2　電話：0264－48－2411）
白骨温泉公共野天風呂（長野県松本市安曇4197－4　電話：0263－93－3121）
軽井沢ショー記念礼拝堂（長野県北佐久郡軽井沢町大字軽井沢57－1　電話：0267－42－4740）
五千尺ホテル上高地（長野県松本市安曇上高地4468　電話：0263－95－2111）
川の駅さざなみ（長野県大町市八坂舟場15719　電話：0261－26－2101）
山口洋子 千曲川展示館（長野県千曲市上山田温泉1－28－2　電話：090－8773－8546）
澳津神社（長野県千曲市上山田）
湯元 上山田ホテル（長野県千曲市上山田温泉1－69－3　電話：026－275－1005）
やなのうなぎ 観光荘（長野県岡谷市川岸東5－18－14　電話：0266－22－2041）
毒沢鉱泉 神乃湯（長野県諏訪郡下諏訪町社7083　電話：0266－27－5526）
諏訪湖博物館・赤彦記念館（長野県諏訪郡下諏訪町10616－111　電話：0266－27－1627）
黒耀石体験ミュージアム（長野県小県郡長和町大門3670－3　電話：0268－41－8050）
タケヤ味噌会館（長野県諏訪市湖岸通り2－3－17　電話：0266－52－4000）
山賊（長野県塩尻市大門七番町10－1　電話：0263－52－0743）
岡谷蚕糸博物館 シルクファクトおかや（長野県岡谷市郷田1－4－8　電話：0266－23－3489）
片倉館（長野県諏訪市湖岸通り4－1－9　電話：0266－52－0604）
遠藤酒造場（長野県須坂市大字須坂29　電話：026－245－0117）
ラーラ松本（長野県松本市島内7412　電話：0263－48－1110）
信州大学繊維学部講堂（長野県上田市常田3－15－1　電話：0268－21－5303）
安楽寺（長野県上田市別所温泉2361）
別所温泉 南條旅館（長野県上田市別所温泉212　電話：0268－38－2800）

神坂神社（長野県下伊那郡阿智村智里）
玉のゆ（長野県下伊那郡阿智村智里395　電話：0265－43－2880）
東山道・園原ビジターセンターはゝき木館（長野県下伊那郡阿智村智里3604－1　電話：0265－44－2011）
臨川寺 宝物館（長野県木曽郡上松町上松1704）
ねざめ亭（長野県木曽郡上松町大字小川249　電話：0264－24－0116）
旅館すぎもと（長野県松本市里山辺451－7　電話：0263－32－3379）
長楽寺（長野県千曲市八幡4984）
一茶記念館（長野県上水内郡信濃町柏原2437－2　電話：026－255－3741）
小諸義塾記念館（長野県小諸市古城2－1－8　電話：0267－24－0985）
田沢温泉 ますや旅館（長野県小県郡青木村田沢2686　電話：0268－49－2001）
玉泉寺（長野県長野市信州新町越道6006）
徳音寺（長野県木曽郡木曽町日義124－1）
旗挙八幡宮（長野県木曽郡木曽町日義2150）
さくらの湯（長野県伊那市高遠町西高遠928－2　電話：0265－94－3118）
高遠あかはね（長野県伊那市高遠町西高遠1690　電話：0265－94－2127）
亀まん（長野県伊那市高遠町西高遠1689　電話：0265－94－2185）
大西屋（長野県伊那市美篶358－3　電話：0265－76－0248）
菓匠Ｓｈｉｍｉｚｕ（長野県伊那市上牧清水町6608　電話：0265－72－2915）
菓子庵 石川（長野県伊那市荒井11　電話：0265－72－2135）
高遠そば ますや（長野県伊那市高遠町東高遠1071　電話：0265－94－5123）
象山神社（長野県長野市松代町松代1502）
加賀井温泉 一陽館（長野県長野市松代町東条55　電話：026－278－2016）

松代荘（長野県長野市松代町東条3541　電話：026－278－2596）
松代大本営跡（長野県長野市松代町西条479－11）
生そば 信濃屋（長野県上水内郡信濃町大字柏原2711－6　電話：026－255－2058）
碓氷峠鉄道文化むら（群馬県安中市松井田町横川407－16　電話：027－380－4163）

〔取材協力〕
株式会社白馬ライオンアドベンチャー
佐久市役所臼田支所
FM長野
武田揚介
ヤポンスキーこばやし画伯
清水メル

〔写真提供〕
長野朝日放送

〔参考文献〕
『県歌 信濃の国』（市川健夫、小林英一＝著　信濃毎日新聞社）
『《新版県史》20長野県の歴史』（古川貞雄、青木歳幸、井原今朝男、福島正樹、小平千文＝著　山川出版社）
『長野県の歴史散歩』（長野県の歴史散歩編集委員会＝編　山川出版社）
『令和版やさしい長野県の教科書 地理』（市川正夫＝責任編集　しなのき書房）
『ふしぎ発見！　長野県の地理』（市川正夫＝著　しなのき書房）

義仲と巴御前と三四六

象山神社で龍馬と海舟に挟まれて
坂本龍馬
勝

松陰先生にあやかりたい僕
吉田松陰

大峰山から大志を抱く僕

寝覚の床で浦島太郎の気分

千曲川が信濃川に！（宮野原橋）

現生ミンククジラ全身骨格
松本市四賀化石館

河童橋

赤沢自然休養林の渓流で涼む

大芝高原でゴロン

山口洋子記念館で
千曲川を背景にドーン！

東山道の碑
古代東山道 信濃坂

ゼロ磁場でちょっと手がピリピリ

穂高神社

本坊酒造で試飲

御嶽海関と（笑）
出羽海部屋
木曽郡上松町出身
御嶽海
海
NE ZA ME TEI
木曽のmori mori!
ねざめ亭

ねざめ亭名物店員(?)の田中要次さん

松代藩文武学校

上諏訪駅の名物・足湯でほっこり

僕的ベストのローストビーフは
ここ中房温泉の地熱で調理される

白骨温泉で疲労回復！

暮白の滝に投げ入れるお皿に
書いた願い事、きっと叶うよね！
信州を元気に!

松山 三四六（まつやま さんしろう）

1970年、東京都生まれ。

タレント、ラジオパーソナリティ、歌手、柔道家。長野大学社会福祉学部客員教授。

明大中野高校・明治大学で柔道選手として活躍。度重なる怪我により20歳の時柔道競技の道を断念。1992年、TV番組出演をきっかけに吉本興業入社。松山千春氏から、芸名「松山三四六」を許される。吉本興業退社後、渡米などを経てタレント、ラジオのパーソナリティ、歌手として活動を開始する。現在は、タレント、ラジオパーソナリティ、歌手だけでなく、柔道家や長野大学福祉学部客員教授として、幅広く活躍する。

松山三四六の信州ディープツアー
県歌「信濃の国」を歌いながら旅する

二〇二一年三月二二日　第一刷発行

著　者　松山三四六
発行人　岡　聡
発行所　株式会社太田出版
〒一六〇−八五七一
東京都新宿区愛住町二二 第三山田ビル四F
電話　〇三−三三五九−六二六二
ファックス　〇三−三三五九−〇〇四〇
振替　〇〇一二〇−六−一六二一六六
ホームページ　http://www.ohtabooks.com/
印刷・製本　株式会社シナノ

装　丁　山田益弘（ｍｏｕｎｔ）
校　正　内田翔
編　集　森一暁（太田出版）
寺谷栄人

ISBN 978-4-7783-1747-8 C0095